序│從平面 立體 到生活 創意無所不在

樂高積木是很多大朋友小朋友的童年玩伴。它的設計歷久彌新，接合部位的製造公差小，可以拼拆多次都不鬆垮。式樣甚多，既有現實物品的模型，也能滿足電影迷的幻想。

對於小朋友來說，拼拆從滿足手眼協調開始。在練習看懂說明書的同時，學習了空間與組合的概念。試著欣賞顏色與美感，最後如同樂高看電影內提到的，讓小朋友們能夠自由創作，用積木造世界。從具象到抽象之間，樂高積木陪伴著眼界的開闊與心智的成長。

自玩具到教具，也是許多家長們對於樂高積木的期許。有越來越多的先進國家發現，想要應付未來的挑戰，應該讓小朋友們學習如何控制機器。因此國中小的電腦教育當中有了簡單的程式課程，作為現代科學、技術、工程、藝術、數學 (STEAM)，科技工藝數教育的一環。

順應這個時勢，樂高在2020年推出了編號是「喔咿喔咿喔」51515的機器人發明家ROBOT INVENTOR。原本小朋友在電腦課當中，只能控制螢幕上的小貓。然而透過自由拼砌的可程式化積木，可以作出各式各樣聽話的自動機器人。

從平面到立體，從課堂到生活。小朋友們自然能夠類推地想到生活上遇到的各式電子控制機器，例如販賣機、停車場繳費機、電梯等，都是自動控制的產物。有興趣的小朋友，可以藉由師長進一步的帶領，走向更高深的境界。

始於科技工藝數教育，讓孩子們能有自信對宇宙進行無止盡的探索，這正是「電積系」的初衷。百年樹人，厚積而薄發，願此書能成為積澱的一小部分。

CONTENS | 目次 | 002

序 | 從平面 立體 到生活 創意無所不在 | 謝金興 | 001

Chapter *3*

第三篇
感應器篇

Chapter 1 基礎
知識篇

第一篇

基礎知識篇

樂高在可程式化控制積木的產品方面,其實已經有了多年的積累。換句話說買到喔咿喔咿喔的消費者,並不會有白老鼠的感覺。本書的結構是從基礎知識開始介紹,循序漸進地介紹最重要的頭磚,然後是感應器和制動篇,最後是數學與邏輯部分。作者想像讀者在讀完全書之後,能夠看到某一個樂高機器人,就能大致上知道它是如何控制作動,也就是知其然而知其所以然。

第一篇基礎知識從Mindstorms產品系列的歷史講起,接著提到開箱測試、喔咿喔咿喔的系統架構,以及App程式的畫面介紹。

1

Mindstorms心風暴系列

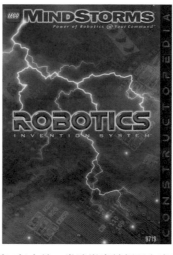

圖 1
機器人發明系統 RIS
被視為心風暴 (Mindstorms)
產品系列的頭一代

早在1985年,也就是近35年之前,當時樂高總經理和麻省理工學院(MIT)的媒體實驗室(Media Lab)開始合作。在1988年時,媒體實驗室研發出一種無須連接到個人電腦的樂高積木控制器,引發了樂高的興趣,想要把這種控制器商業化。

時至1996年樂高與媒體實驗室分別研發出了機器人控制探索者(RCX, Robotics Control eXplorer)與灰磚頭(Grey Brick)兩種控制器。為了方便小朋友的學習,媒體實驗室發展了一種視覺化程式語言供這兩種控制器執行。而樂高進一步地再改良這種程式語言,終於在1998年九月發表了機器人發明系統(RIS, Robotics Invention System)。

機器人發明系統RIS被視為心風暴(Mindstorms)產品系列的頭一代，奠定了未來心風暴產品頭磚的基礎。RIS的核心就是前述的機器人控制探索者RCX，許多產品特徵沿用到現在的喔咿喔咿喔。因此有必要介紹一下這種二十多年前出現的RCX頭磚。

機器人控制探索者RCX

機器人控制探索者RCX，除了供應RCX頭磚的用電以外，這些電池還要提供電力給所連接的感應器與馬達，因此樂高推薦要使用鹼性電池。眾所周知的是，使用電池的最大問題在於漏液。若長期不使用的時候要將電池拔掉，但是很多人都忘了這點。

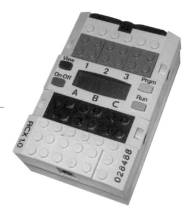

圖 2
機器人控制探索者 RCX
其動力來源是六顆 1.5V AA 電池
裝在這顆「頭磚」的背面

在RCX頭磚的面板上有一個液晶螢幕，用於顯示系統的訊息。在螢幕的旁邊有四個按鍵，上方有三個編號分別為1、2、3的輸入埠，下方另有三個編號為A、B、C的輸出埠。在頂端有一個紅外線輸入埠。當使用者在電腦編輯好程式之後，可以透過連接到電腦的紅外線塔(IR Tower)，將程式經由紅外線輸入埠無線地下載到RCX頭磚裡執行。

與輸出埠配合的輸出裝置包含了馬達。透過齒輪組與輪胎或履帶，可以將包含馬達的RCX頭磚變成是一輛遙控車。和輸入埠配合的感應器裝置包含了碰撞感應器還有光感應器。前者就是包含一顆按鍵的感應器，後者是用來偵測光是否在近距離被遮斷。這幾種輸出裝置與感應器的類型持續沿用至今，只不過它們有更多的控制選項，也有更精確的量測輸出而已。

控制RCX頭磚的程式碼被稱為RCX碼，樂高附贈的光碟片當中，可以安裝RCX碼的發展環境。如前所言，樂高提供了一種視覺化的圖形編碼語言，可以讓小朋友們比較容易地了解RCX頭磚的作動。除此之外，使用者也能夠更新RCX頭磚的韌體(firmware)。以便修正舊有程式的錯誤，或者添加新的控制功能。

從今天回顧這部RCX頭磚與機器人發明系統RIS的設計，其架構已經和現在的喔咿喔咿喔相去不遠。

次世代NXT頭磚

圖 3
第二代心風暴被命名為 NXT
其實是 NEXT 的簡寫
在 2006 年七月推出第一版
2009 年八月推出第二版

NXT頭磚同樣具有一個液晶螢幕，以及在下方的四個按鍵。它有四個感應器輸入埠，可以連接觸控感應器與光感應器，還能連接聲音感應器和超音波感應器。輸出埠仍然維持三個，可以分別連接到馬達和燈光。

隨著第二版的NXT頭磚登場的還有顏色感應器，能夠感應不同的顏色。它也具有浮點(floating point)運算器，而舊版的NXT頭磚與RCX頭磚只有整數運算器。

浮點運算器是甚麼呢？它是一種計算用(arithmetic)的邏輯電路，簡單來說就是作加減乘除運算。和整數運算器不同的是，它的運算元是具有小數點的數值。如果處理器當中沒有浮點運算器的話，就必須要用軟體和整數運算器模擬浮點數的運算。一個浮點數的運算可能需要換成幾十個整數運算。如果要在真實的世界進行物理控制，則控制器必須要導入浮點運算器才有辦法提升處理速度。

演化第三代EV3

2013年九月，樂高推出了演化第三代EV3系列，EV可能是演化(EVolution)的前兩個英文字母。當產品系列能出到第三代，其成熟度已相當高，越來越多的第三方廠商願意跟隨樂高腳步，提供相容於介面的感應器，許多作業系統與程式語言能夠安裝在EV3頭磚上。EV3不再是樂高獨自的系統，而是一個生態系，能允許其他人藉由EV3作為一種通用的控制器，發展出各自適合的應用。

樂高在販售EV3的部分，分成教育版與家庭版兩個系列。由於教育版需要在有多名學生的教室內使用，所以45544套件包含了整理盒，以免學生在下課後沒有把零件放回去自己的那一套件當中。除此之外，45544套件還包含了可充電的鋰電池，以免每上一堂課就需要丟棄大量的電池。

圖 4
樂高 EV3 教育版 45544 套件
可以見到整理盒與放在輪胎旁的
充電電池

除了核心的45544套件以外，樂高還發行的擴充元件組45560套件。同樣地45560套件也檢附了整理盒，用於存放機械組件。對於自己在家組裝的客戶，樂高發行了家庭版的31313套件。這兩組套件的主要差異之一，在於家庭版的具有紅外線遙控器與感應器。可以想見的是，如果在教室中每一個學生的機器人都有紅外線感應器，而且每一個學生手上都有遙控器時的混亂情況，因此教育版的45544套件並不包含紅外線遙控器與感應器。相反地和家庭版相比，教育版多了一個陀螺儀感應器和萬向滾輪。萬向滾輪加兩個馬達個別驅動的輪胎，可以快速地形成一輛三輪車，能夠穩定地轉彎和移動。這是大部分的機器人所需要的基本功能。

圖 5
樂高 31313 套件的包裝盒上的右
下角有註明其遙控功能

EV3頭磚與電腦的連接方式包含了藍芽與WiFi兩種。具有觸控螢幕的手機或平板也可以執行Lego Mindstorms Commander程式,透過藍芽連接到EV3頭磚,就能將手機或平板作為遙控器,用來搖控EV3機器人。與前一代的NXT頭磚相比,EV3頭磚具有更大的液晶螢幕,還有六個按鍵。四個方向按鍵的底下還有可以控制的燈光。除了維持NXT頭磚的四個輸入埠之外,EV3頭磚有四個輸出埠,以及一個USB埠用來連接電腦。

有趣的是,EV3頭磚支持菊鏈(daisy chain)的連接方式,能夠利用USB實體線串接四個EV3頭磚。如此一來,一個樂高第三代機器人系統最多就有16個輸入埠與16個輸出埠。或是利用無線網路WiFi無線連接EV3頭磚,據說這種連接方式並不限四個頭磚。一個主(master)頭磚可以控制超過三個副(slave)頭磚。

2

史派克與機器人發明家

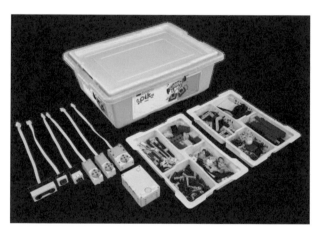

圖 6
樂高 45678 套件組
可以見到放科技磚的整理盒和左邊的電子零件組合

在開箱「喔咿喔咿喔」51515的機器人發明家(Robot Inventor)之前,先來介紹樂高的Spike機器人。由於Spike這個英文字有許多意思,大抵不脫是尖刺或突起的意思,在此姑且音譯為史派克。史派克屬於教育版系列,套件號碼為45678,名稱是Spike Prime Set,附一個有蓋的整理盒。史派克的頭磚和喔咿喔咿喔的非常相似,它是黃色,而喔咿喔咿喔的頭磚是藍色。除此之外,這兩個套件的差異可參考表1 (012頁)。

從表1,45678與51515套件組的比較來看,喔咿喔咿喔有四個馬達,還多出429個零件,自然可以組出較多變化的機器人。如同EV3的45544套件組一樣,史派克是利用兩個馬達與一個萬向滾輪來組合出三輪車。而喔咿喔咿喔則可以利用四個馬達組成一輛四輪車,或者是用兩個馬達與兩個滾輪組成一輛四輪車。四輪車自然比三輪車來得穩些。

如果想要壓力感應器、大型馬達或萬向滾輪，可以上網零購。主要是考量到多出來的429個零件，買喔咿喔咿喔似乎比較划算一些。

表 1
史派克 45678
喔咿喔咿喔 51515
比較參考表

	史派克45678	喔咿喔咿喔51515
市場定位	教育版	家庭版
出貨日期	2019年8月	2020年10月
整理盒	有	無
磚塊零件數	520個	949個
頭磚	黃色	藍色
大型馬達#45602	一個	無
馬達	兩個	四個
顏色感應器	一個	一個
距離感應器兼四眼燈	一個	一個
壓力感應器	一個	無
滾輪	單一萬向滾輪	兩個滾輪

官方網站下載文件與程式

在開箱之前，可以到樂高網站下載「快速開始指引」"Quick Start Guide https://www.lego.com/cdn/product-assets/product.bi.core.pdf/6337805.pdf " (2020年12月時的資料)文件瀏覽。如果已經開箱的話，在盒子當中可以找到這本薄薄的文件。在這份32頁的文件當中，第27-31頁是零件的清單，可以依照這五頁來清點盒中的零件。如果有缺件的話，中華民國的買家可以撥打台灣樂高貿易股份有限公司的客服電話00806651751或寫電子郵件到客戶服務信箱（taiwan-cs@lego.com）。

樂高會提供缺漏積木的寄送服務。其餘地區的買家也可以上樂高的客戶服務網站，填寫相關資訊之後，一樣可以收到缺漏的積木喔。樂高提供了五種版本的「Lego Mindstorms Robot Inventor」應用程式App供玩家下載，包含iOS、MacOS、Android、Windows與FireOS版本。可以分別從App Store、Mac App Store、Google Play、Microsoft Store與Amazon appstore下載。聰明的讀者一定知道這代表著喔咿喔咿喔支援了市面上最常見的平板、手機與電腦，普及率應該高達九成九以上。

不過喔咿喔咿喔是2020年新出的套件組，應用程式App對於系統規格有一定的要求。舉例來說，iOS硬體至少需要iPhoneSE、iPad Air 2與iPad Mini 4或更新的iPhone或iPad。iOS作業系統的版本至少需要13版或更新的版本。讀者們可以先到網頁上查看自己的設備是否能夠安裝。

由於Windows電腦是較為普遍的系統，而且膝上型或桌上型的電腦螢幕畫面較大，較容易找到指令和選項，因此本書的截圖多半是採用Windows版本的畫面。如果讀者使用的電腦作業系統並不是Windows，也不需要擔心，因為Robot Inventor程式的各種版本是大同小異，相信聰明的讀者很快地能夠在其他的版本中找到同樣的指令或選項。

現在準備開箱囉

在開箱之後，需要做的第一件事情，並不是檢查零件是否缺漏喔，而是把包裝在白色紙盒內的電池和頭磚拿出來組在一起。接著，把白色的Micro USB線材拆封，把一頭連接到普通的USB變壓器或電腦上的USB接頭，把另一頭連接到頭磚的USB接頭，至少先充電一個小時。在這段期間，讀者可以慢慢地清點零件，下載上述的Robot Inventor程式和機器人五祖的組裝指令文件。

圖 7
頭磚要先和電池結合
再經由上方的 USB 插頭充電

在頭磚連接到USB電源之後，會發出聲音和燈光反饋。在接通電源時，USB插座旁邊的充電指示燈會是紅色的。當電池充飽電之後，充電指示燈會轉為綠色。這時候就可以把USB電源線拔掉。在充電的時候，頭磚還是可以開啟作動。換句話說，以後可以一邊充電一邊玩，只要USB線不會妨害操作即可。

樂高說頭磚的充電器可以接收500-1500毫安培的電流。一般電腦USB的規格是提供500毫安培的電流。如果有手機變壓充電器的話，通常可以提供較大的1.1安培(1100毫安培)或更大的電流。在應用程式當中，能夠看到電池的電量。根據樂高的說明書，這顆零件編號為6299315的電池需要充六個小時才會滿電。由於鋰電池是消耗品，當使用壽命減少到不能接受的程度時，讀者可以上網搜尋購買樂高產品編號45610 Large Hub Battery的鋰電池。目前它可以適用於史派克與喔咿喔咿喔的頭磚。

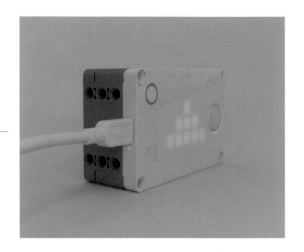

當充電一個小時之後，接著執行程式，以便開始玩第一個「歡迎機器人發明家！」專案。這個「歡迎機器人發明家！」專案也是一個測試喔咿喔咿喔所有電子組件的專案。讀者可以拿出手機和腳架錄製這段測試過程作為紀念。當玩家認為電子零件有問題時，可以將影片提供給樂高公司作為佐證參考。

歡迎機器人發明家！

當第一次啟動Robot Inventor應用程式的時候，映入眼簾的是佔滿螢幕的黑色畫面，以及一段動畫。在樂高提供的專案當中，都會有一段動畫簡短地介紹本專案拼出來的機器人長得甚麼樣子，以及機器人動起來的行為是甚麼。

步驟1 拚砌

在專案的導引區當中，顯示有4個步驟。第1步驟的說明是要將頭磚連接馬達和感應器。下方有一個藍綠色的拼砌按鍵，當點選拼砌按鍵之後，就會顯示四個拼砌步驟。如果讀者曾經玩過樂高的普通積木，對於這種說明應該不會陌生。

第1步要我們把頭磚與電池結合起來。在充電時已經做過這一步了。第2步顯示了結合好的頭磚，左側面有三個連接埠A、C、E。連接埠是具有方向性，像是個注音符號的ㄇ字型，可以預防玩家接錯方向。

在第3步當中，我們需要把四顆馬達連接到連接埠A~D。接著在第4步，把類似兩顆眼睛的距離感應器接到連接埠E，把類似單顆眼睛的顏色感應器接到連接埠F。做好的成品就如同圖9「歡迎機器人發明家！」專案的連接測試一樣。細心的讀者可以看到照片中主機的擺放方向與應用程式的圖說剛好是上下相反的。其實只要連接上對的連接埠，程式碼自然就會正確地執行喔。

接著在專案導引區當中，進到第2步驟。現在我們要將電腦連接到主機，也就是頭磚了。在應用程式的右上角，有一個頭磚形狀的圖示。它的右上角是紅色的，表示電腦與主機並未連線。因此在主機圖示的四周有放射波的畫，提示我們要按下主機圖示，進行連線。

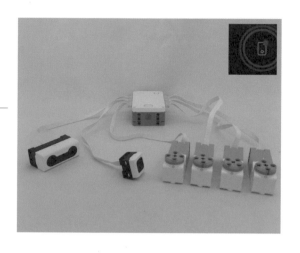

圖 9
「歡迎機器人發明家！」專案的
連接測試方法

圖 10
應用程式右上角的主機圖示
紅點表示尚未與主機連線

在點選主機圖示之後，會跳出一個視窗，讓我們選擇是以USB實體線路或是藍芽無線的方式連接到主機。如果是用USB的話，只要先開啟主機的開關，也就是按下最大的圓形按鍵，就會看到啟動的燈光與聲音。

不過USB的實體線路很麻煩，考慮到以後玩機器人的方便程度，就得試試藍芽的無線連接方式了。首先當然要開啟電腦或手機、平板的藍芽模組。接著開啟主機，然後按下主機上的藍芽鈕，也就是位置較偏也較小的圓形按鍵。會聽到主機發出Be Be Be的聲音。

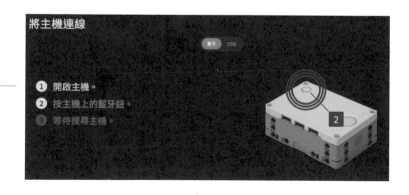

圖 11
能夠以藍芽無線通訊協定
連接到主機是很重要的步驟

一切順利時，會在視窗下方出現主機的圖示，旁邊寫的LEGOHub@SPIKE，還有連線按鍵。如同先前提到的，其實喔咿喔咿喔的頭磚和史派克的頭磚是一樣的，所以頭磚的藍芽裝置名稱依然沿用史派克頭磚的名字。

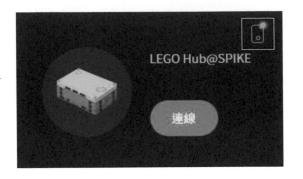

圖 12
主機的藍芽裝置名稱與連線按鍵

圖 13
右上角圖示主機已連線

在點選主機圖示之後，會跳出一個視窗，讓我們選擇是以USB實體線路或是藍芽。當按下連線按鍵之後，可以看到頭磚的燈光有所變化。接著應用程式右上角的圖示就變成綠點。表示主機和電腦已經建立起連線，不論是透過有線的USB或無線的藍芽都一樣。在主機連線電腦的情況之下，如果有任何馬達或感應器連接到主機，點選圖13主機已連線圖示就會展開一條視窗，顯示主機各個連接埠的連接狀態。

圖 14
主機各連接埠的狀態

在「歡迎機器人發明家！」專案當中，由於六個連接埠都已經接滿，所以可以看到連接埠A~D都各自連接到一個馬達，每一個馬達還有轉動的角度。連接埠E連接到的是類似兩個眼睛的距離偵測器，偵測到物體的最近距離是5公分。連接埠F連接的是顏色偵測器。由於它並未偵測到單純的顏色，所以感應值是花色。

我們可以從主機的連接埠狀態得知，各個電子零件都有通電。如果把某一個電子零件拔除的話，可以看到相對應的連接埠就消失了。假設再把電子零件接上連接埠，它的狀態又會重新出現在視窗當中。但這些電子零件能否正確地作動，則有待專案的程式碼進行驗證。

接著我們在專案導引區當中進入到第3步驟，應用程式中間的主程式區域，馬上就出現了一些五顏六色的程式碼。樂高已經幫專案的「機器人」預先寫好了程式碼，只要我們執行，就能馬上測試「機器人」是否可動。

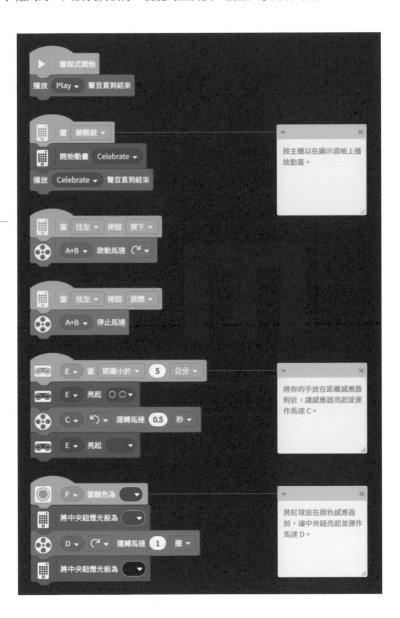

圖 15
此為「歡迎機器人發明家！」
專案的程式碼

在這些程式碼的右邊，有三個註解方框，用來解釋機器人會做甚麼動作。最上面的註解方框說：「按主機以在顯示面板上播放動畫」。也就是當玩家稍用力按頭磚時，頭磚上的燈光區就有動作產生。很明顯地，這是測試頭磚的第一個動作。中間的註解方框說：「將你的手放在距離感應器附近，這讓感應器亮起並運作馬達C。」這個動作測試了三個部分，包含測試測距功能、距離感應器的四個燈、還有接到連接埠C的馬達。下方的註解方框說：「將紅球放在顏色感應器前，讓中央燈亮起並運作馬達D。」這測試了顏色感應器是否能夠偵測到紅色，也測試了頭磚的開關按鍵/中央鈕能否顯示紅色燈光，還測試了接到連接埠D的馬達。

看到這裡，細心的讀者們一定覺得奇怪。這三個動作只測試了兩個馬達，那麼接到連接埠A與B的那兩顆馬達該如何測試呢？其實是有的，當玩家按下頭磚的左鍵時，接到連接埠A與B的馬達將會同時運轉。當放開頭磚的左鍵時，這兩顆馬達將同時停止。至此這程式碼能夠初步地測試頭磚、四顆馬達與兩個感測器。

圖 16
應用程式右下角的執行區

當我們了解程式碼的作用之後，可以在應用程式右下角看到三個圖示。最右邊的三角形的執行按鍵表示讓頭磚執行程式碼。按下執行按鍵之後，玩家就可以按照上述的步驟，逐一地進行測試囉！如果它的反應確實如上所述，恭喜您！歡迎機器人發明家！

重新執行「歡迎機器人發明家！」專案

要是您有事情無法馬上完成這個專案，可以按下選單的說明→設定。跳出來的視窗當中，左邊點選一般設定就能繼續「歡迎機器人發明家！」專案囉！

軟韌體更新與校正馬達

和手機或平板電腦一樣，喔咿喔咿喔喔的應用程式、頭磚和馬達都可以更新。當有更新版的應用程式時，可以按下選單的幫助→更新，就能夠下載新版的應用程式。

當有更新版的作業系統給頭磚使用時，應用程式會出現一則通知，告訴我們有新的韌體能夠更新了。如果選擇要接受更新的話，記得將主機連接電源。接著應用程式會出現一個進度條告知更新的進度如何。幾分鐘之後，頭磚就更「心」囉！

圖 17
頭磚有新的作業系統可供更新

同樣地當有更新版的韌體給馬達使用時，在應用程式一連上頭磚，就會出現更新馬達韌體的提示。這時候，可以選擇更新馬達的按鍵。為了一次搞定四個馬達，應用程式就會請您把全部的馬達分別接到主機的連接埠A~D。

圖 18
應用程式詢問
是否要更新馬達的韌體

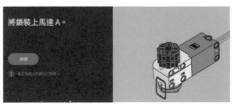

圖 19
將自製的鎖頭裝上馬達
並對齊標記

由於喔咿喔咿喔喔的馬達可以知道自己轉了幾圈或幾度，因此需要在更新韌體之後進行校正。為了將軸心鎖定正確的位置，樂高要求我們利用五個零件來做一個簡單的鎖來連接馬達，並且確定馬達上的O型標記已經對齊。

這個鎖頭要怎麼作呢？同樣請按下拚砌的按鍵，就會出現四個拚砌步驟的指示，只要注意對齊標記就可以了。在裝上鎖頭之後，可以按下完成按鍵，應用程式就會把新的韌體傳送到連接埠A的馬達，並且出現進度條告知進度。此時請保持馬達連接，直到更新完畢都不要去破壞馬達的連線。

在更新完畢之後，應用程式會指示我們拆開鎖頭，接著出現了已更新馬達A的打勾圖示。恭喜您，已經完成了四分之一的工作，接下來還有三個馬達需要依樣畫葫蘆。當更新的工作完成之後，想來這四個馬達肯定是更加強健有力！

五組機器人

相信很多讀者看到這裡，就會把本書丟開繼續玩下去。現在的最大問題是，喔咿喔咿喔喔提供了五種機器人，究竟要先玩哪一種呢？其實不需要緊張，不管先玩哪一種，都能帶來許多歡樂。

如同先前的專案一樣，您可以在應用程式的首頁當中，點選五組機器人當中的一個，然後選擇拚砌。當拚砌步驟完成之後，再進入到將程式透過藍芽或USB上載到頭磚的步驟。最後，就能享受玩機器人的樂趣囉！

表2
五組機器人的簡要說明

機器人名稱	拚砌說明頁數	簡單說明
CHARLIE 查理	315頁	滾輪雙手機器人
TRICKY 崔克	356頁	舉昇臂雙輪車
BLAST 布拉斯特	333頁	雙足雙手機器人
M.V.P. 最佳球員	422頁	彈簧夾四輪車
GELO 蓋洛	226頁	四足走獸

3

SPIKE系統架構

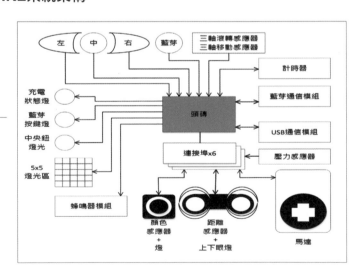

圖 20
SPIKE 系統架構圖

和所有的電腦系統一樣，頭磚是整個機器人的控制器。因此所有的電子元件都會直接或間接地連到頭磚或主機。

在SPIKE系統架構圖當中將資訊傳到頭磚的裝置稱之為輸入裝置。反之接收頭磚的控制指令或資訊的裝置稱之為輸出裝置。兼具兩種功能的裝置是輸出入裝置。

頭磚中已經內建了許多裝置，我們能夠幫系統增減的電子元件，只有和連接埠A~F相連的四種裝置。以下再用表格說明各種裝置。

表 3
SPIKE 的各種輸出入裝置

名稱	型態	資料或指令	說明
主機中央鈕	輸入	主機開或關	非能處理事件
中間鈕燈光	輸出	開關與七色	
主機左鍵	輸入	按下或放開	
主機右鍵	輸入	按下或放開	
藍芽按鍵	輸入	藍芽搜尋	非能處理事件
藍芽按鍵燈	輸出	閃爍	非寫程式控制
充電狀態燈	輸出	綠色或紅色	顯示電池電量是否充飽
5x5燈光區	輸出	各燈有九階光度	可以個別控制各燈光度
三軸滾轉感應器與三軸移動感應器	輸入	輸出頭磚方向 搖晃 敲擊 掉落	
蜂鳴器模組	輸出	發出可控音階的聲音	
計時器	輸出入	依照設定發出程式內的事件信號	
藍芽通信模組	輸出入	與主機/遙控器通信	非寫程式控制
USB通信模組	輸出入	充電與主機遙控器通信	非寫程式控制
壓力感應器	輸入	接觸壓力	45678盒組才有這種感應器
大馬達	輸出入	轉動指令與軸心位置	45678盒組才有附大馬達
馬達	輸出入	轉動指令與軸心位置	
顏色感應器	輸入	辨識八色或亂色	
顏色感應器燈	輸出	連接主機即開燈	非寫程式控制
距離感應器	輸入	距離或反射率	
上下眼燈	輸出	各燈開關	

在SPIKE或任何電腦的系統架構當中，輸入裝置能夠提供裝置的狀態。當輸入裝置進入到某一種狀態時，可以透過註冊某一類的事件來撰寫事件處理程式。例如主機右鍵被按下是一種事件。輸出裝置則可以向外發出燈光、聲音或動力的輸出。而某一些電子元件則兼具了輸入與輸出的功能。比方說，距離感應器就包含了四個上下眼燈，前者是輸入裝置，後者是輸出裝置。

玩過EV3的讀者可以知道，在EV3的頭磚當中，有四個輸入埠與四個輸入埠。換言之，接到輸入埠的都是輸入裝置，接到輸出埠的都是輸出裝置。在EV3的系統架構當中，並沒有將輸入與輸出合在一起的輸出入裝置。然而，SPIKE頭磚有六個連接埠，每一個連接埠可以隨意的連接輸出裝置、輸入裝置或輸出入裝置。所以SPIKE頭磚的彈性比EV3頭磚要好得多。而使用者要如何利用SPIKE在硬體連接方面的彈性呢？自然得靠軟體，也就是用來寫程式的應用程式。因此接下來要介紹的是Robot Inventor應用程式。

4

Robot Inventor應用程式

圖 21
Robot Inventor 應用程式首頁

應用程式的首頁分成上方的選單區、中間的五組機器人選單、以及下方的幾個選項。下方的選項包含了首頁、專案、設定與</>寫程式按鍵。這也是我們最常按的幾個選項。顧名思義，首頁按鍵會讓應用程式回到這一頁。按下專案按鍵之後，會進到我的專案。

專案

專案是甚麼呢？樂高會把程式本身與程式應用到的資源放在一個副檔名是LMS的專案檔案當中。如果要保存所寫的程式和資源，只要將LMS專案檔案複製到其他地方去就行了。至於LMS專案檔案放在哪裡呢？Windows版本的Robot Inventor應用程式會將LMS專案檔案預設放在「我的文件\LEGO MINDSTORMS」的目錄當中。其餘作業系統版本的應用程式，可以使用檔案搜尋工具，尋找LMS檔案即可以找到。

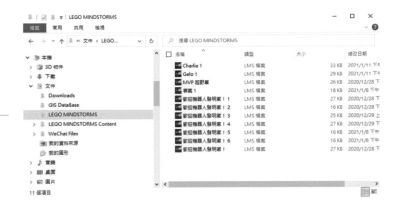

圖 22
我的專案的預設目錄中
存放著 LMS 專案檔案

在我的專案這一頁當中，首先是五祖機器人的相關衍生專案。如果想要從GELO蓋洛專案衍生出其他變化，可以點選Gelo底下的+建立新專案按鍵。這時候就會出現一個新專案，叫做Gelo X。X是正整數，從1開始。而且Gelo蓋洛專案的程式會被複製到Gelo X專案當中。我們就能夠在既有的程式上進行修改或新增的動作。Gelo 1專案會被安排在Gelo專案的下方旁邊。

在五祖機器人之下，還有其他先前玩過的專案。如果要從頭開始寫程式，可以按其它底下的+建立新專案按鍵。如果要開啟既有的舊專案，應用程式貼心地根據專案的新舊加以安排。越新的專案會越靠近+建立新專案按鍵。每一個舊專案都還有一張程式區的縮圖，說不定您看了縮圖就知道這個專案在講些甚麼。如果您的專案實在太多，在我的專案底下有一個搜尋欄位。只要您輸入專案的名稱的前幾個字，應用程式會將搜尋到的相關的專案列在其它的下方。這裡要抱怨一下樂高的設計，如果輸入的是專案名稱當中的字串，而不是開頭的字串，是找不到相關的專案的。

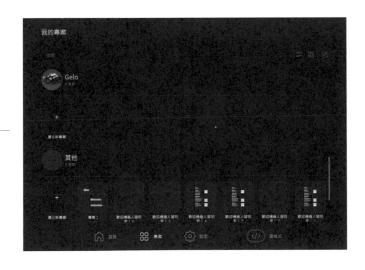

圖 23
我的專案
在五祖機器人 Gelo 相關專案下
還有其它專案

畫面簡介

除了在我的專案這一頁新增專案以外，也可以按下首頁的</>寫程式按鍵，同樣會出現一個新專案。專案名稱預設是專案X，X為從1開始的正整數。
雖然各種作業系統的版本不同，但大致上應用程式的寫程式畫面大致上會長得像是圖24寫程式的畫面。專業的軟體工程師們都知道，寫程式時用的畫面永遠都不嫌太多太大。所以他們的桌上往往放著好幾個同時開啟的螢幕，參考書籍還佔滿了桌面。如果是使用小螢幕的手機或平板寫程式，可能會有事倍功半的感覺。

首先從最上方的選單區開始。檔案選單的底下有四個選項，新增專案、開啟舊檔、另存新檔與分享。和其它應用程式不同的選項是最下方的分享選項。按下分享選項之後，應用程式會請使用者選擇一個新的目錄。當擇定新的目錄之後，當前的專案檔案就會轉存到新的目錄之下，而不是在預設的目錄下。這和另存新檔選項差不多，而且另存新檔選項除了選擇新的目錄以外，還能選擇新的專案名稱。拉下說明的選單，只有一個設定選項。選單區的設定選項和首頁下方的設定按鍵的作用是一樣的。待介紹完寫程式的畫面之後，就會介紹到設定頁。

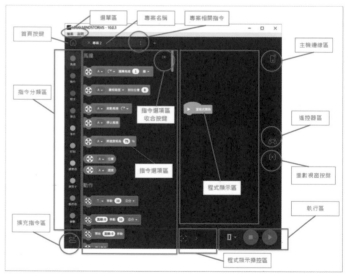

圖 24
寫程式的畫面

在選單區的下方有個房子按鍵，它就等同於首頁下方的首頁按鍵一樣。按下之後，會出現五祖機器人的首頁。應用程式能夠同時開啟多個專案，每一個被開啟的專案都有一個Tab。點選Tab就會讓該專案出現。每一個Tab的左邊有一個x按鍵用來關閉專案。Tab的中間是專案名稱。Tab的右邊有一個…按鍵，按下後會出現重新命名專案、另存新檔與分享按鍵等三個專案相關指令。由於開啟新專案之後，應用程式會賦予新專案一個預設的專案名稱。想必這一個預設的專案名稱並不是您想要的。所以一個好的習慣是每當建立一個新專案，就先按重新命名專案或另存新檔按鍵，讓它以正確的名稱儲存在正確的目錄當中。

指令分類區與選項區

表 4
指令分類區的各區簡單介紹表

分類	相關輸出入裝置	包含指令的簡要說明
馬達	馬達(輸出入裝置)	控制單一馬達的開啟 關閉 轉速 轉動與獲取單一馬達 轉動位置與轉速資訊
動作	馬達(輸出入裝置)	同時控制兩個馬達的開啟 關閉 轉速 轉動與偏轉角等
燈光	主機的5x5燈光區與 中央鈕燈光和距離感 應器的上下眼燈	控制燈光區的開關與動畫 控制中央鈕的顏色與上下 眼燈的啟閉
聲音	主機的蜂鳴器與執行 應用程式的電腦揚聲 器	控制蜂鳴器的音量 音階與 開關 控制揚聲器播放聲音 檔案 獲取音量大小設定資 訊
事件	各種輸入裝置 包含 主機的按鈕 三軸滾 轉與移動感應器 計 時器 電腦鍵盤 顏色 感應器 距離感應器	當程式開始時或某一輸入 裝置發生某一事件時 所觸 發事件處理程式堆疊的起 頭
控制	無	控制程式與堆疊的流程 包含等待 迴圈 條件式
感應器	各種輸入裝置 包含 主機的按鈕 三軸滾 轉與移動感應器 計 時器 電腦鍵盤 顏色 感應器 距離感應器	用以獲取輸入裝置的某一 感應器的狀態或是判斷輸 入裝置的某一感應器狀態 是否為特定的一種狀態
運算子	無	對於變數進行數值或邏輯 運算 包含取隨機亂數和各 式函數
運算子	電腦(手機/平板)的觸 控螢幕遙控區	並無預設的指令
變數	無	建立變數或變數清 以及 操控這些變數或變數清 單的指令
我的區塊	無	建立使用者自定的積木

畫面主要分為左右兩個部分，左邊的是待選的指令區，右邊的是已經寫好的程式顯示區。指令區又分成左側的多色的指令分類區，以及展開後的指令選項區。在指令選項區的右上方有一個收合按鍵，按下後會讓指令選項區收合不見。在點選指令分類區當中的任何一個分類之後，就會展開詳細的指令選項區，內有一或多個指令。我們可以將指令選項區看成是一個長頁，它的右方邊界有位置條，能夠上下捲動而不限於只能看到剛才點選的選項區。

從相關的輸出入裝置來看，指令可以分成三大種類。第一種類的指令和輸出入裝置無關，也就是控制、運算子、變數、我的區塊等分類。就和Scratch程式一樣，第一種類的指令是和特定的機器無關的。Scratch程式應當都有這四種分類。第二種類的指令和輸入裝置有關，主要是事件、感應器、遙控器等分類，馬達分類當中有兩個指令可以取得馬達的轉動位置與速度等資訊。其餘的指令都是用來取得輸入裝置的某一個感應器的狀態，或是用來判斷所取得的狀態是否為特定的一種狀態。第三種類的指令和輸出裝置有關，主要就是馬達、動作、燈光和聲音等分類。這些指令自然是用來控制裝置的輸出。

擴充指令區

如果您還嫌可以用的指令不夠多的話，可以點選擴充指令區，有七個擴充指令分類區可以點選。這七個擴充指令分類區可以分成一般與測試。

表 5
擴充指令分類區各區簡單介紹表

分類	相關輸出入裝置	包含指令的簡要說明
更多動作	馬達(輸出入裝置)	同先前「動作」指令分類的說明
更多馬達	馬達(輸出入裝置)	同先前「馬達」指令分類的說明
天氣	無	向雲端天氣伺服器取得數據
音樂	執行應用程式的電腦揚聲器	控制揚聲器演奏的快慢與音色
模型區塊	請見右邊欄位	樂高提供五祖機器人的自訂積木區塊
DoalShock	以外接的Sony™ DualShock™ 4手把遙控器作為輸入裝置	用以獲取手把的某一個按鈕狀態 或判斷某一個按鈕狀態是否為特定的一種狀態
XboxOne	以外接的Microsoft™ Xbox One®手把遙控器作為輸入裝置	用以獲取手把的某一個按鈕狀態 或是判斷某一個按鈕狀態是否為特定的一種狀態

後者主要是和兩種手把遙控器相關，前者則是和輸出裝置相關。當您點選了某一個擴充指令之後，相應的擴充指令圖示就會被添加到指令分類區當中。

指令選項區

在本書當中所提到的「指令」，其實是含混籠統的講法。Scratch將可以拖動的「指令」圖示稱之為「積木」，樂高將其稱為「區塊」。但無論叫做積木或是區塊，相信讀者必然能理解它都是Scratch程式語言的一部份，可以指示主機、輸入裝置或輸出裝置進行某一個動作。

表6
區塊的分類表

範例圖示	圖示名稱	說明
▶當程式開始	帽型區塊	圖示的上方是圓弧形的帽子不能在上面疊加其他圖示作為事件處理程式的開始指令
寫出 Hello / 停止所有聲音 / 滑動作馬達設為 A+B ▼	普通區塊	圖示的上方有凹陷 下方有凸出 表示它是普通指令 可以在上方或下方加入其他區塊 在凹陷與凸出之間可以有相關的輸出入裝置的圖示 右方是說明與一個以上的參數 參數可以是不變的常數(constant) 橢圓形的變數(variable) 六角形的判斷條件(condition)或布林(Boolean)值或是下拉的選項(option)
Variable	變數區塊	橢圓形的變數區塊 可以被塞進普通區塊的橢圓形參數區域內
◯ + ◯	變數(運算)區塊	橢圓形的變數區塊 可以被塞進普通區塊的橢圓形參數區域內 傳回值是運算的結果
◎ A ▼ 顏色	變數(感應)區塊	橢圓形的變數區塊 可以被塞進普通區塊的橢圓形參數區域內 傳回值是感應的結果
◎ A ▼ 接色器 ▼ 嗎？ / ◯ = 100	條件區塊 條件(感應)區塊 條件(運算)區塊	用於判斷指令所描述的狀況在執行當時是否成立 當狀況成立的話 會傳回布林值的「真」值(TRUE) 反之 當狀況不成立的話 會傳回布林值的「偽」值(FALSE)
重複直到	迴圈區塊	重複執行內部指令數次 應用程式提供三種迴圈區塊 分別是重複指定變數迴圈區塊 重複無限次迴圈區塊與條件迴圈區塊
如果 那麼 / 否則	分支區塊	根據條件區塊所傳回的布林值 當傳回的是「真」值(TRUE)時 執行第一部分的指令 反之當傳回的是「偽」值(FALSE)時 執行第二部分的指令
停止 全部 ▼	停止區塊	用於停止所有的區塊堆疊 或是停止此區塊所在的堆疊

當我們撰寫程式時，可以先將區塊從指令顯示區拖到右方的程式顯示區，再修正區塊的上下連接關係以及參數。也可以在指令顯示區先選好區塊的參數，再將區塊拖到右方的程式顯示區。然而當要建立參數或參數清單時，就只能在指令顯示區進行。

程式顯示區

當建立一個新的專案之後，在程式顯示區當中會出現一個帽型區塊，亦即當程式開始的帽型區塊。每一個Scratch程式都是由一或多個區塊堆疊所構成。每一個區塊堆疊的最上方都應該是一個帽型區塊。在最下方，可以包含一個停止區塊。而每一個堆疊只會有一個帽型區塊以及一個停止區塊。某一個堆疊開始被執行的時機，就是它的帽型區塊所對應的事件發生之後。因此，在程式顯示區當中，應當會有一或多個區塊堆疊。當我們在某一個區塊按下右鍵時，可以看到三個選項，分別是複製、添加註解與刪除積木。

顧名思義，刪除積木的選項就是讓這個積木從程式顯示區當中消失不見。按下複製的選項之後，游標就會變成這一個積木的樣子，等著我們把它放到適當的地方，並且修改它的參數。至於添加註解，則是軟體工程當中重要的一環。當寫程式的時候，每個人的腦袋都相當清楚，知道自己的區塊堆疊在做些甚麼。但是當時日遷延，幾天、幾個禮拜、甚或幾個月過去之後，即便是自己親自寫的程式，都可能忘記這一段堆疊或這一區塊在做甚麼。註解的內容除了提醒自己這段程式的作用之外，還可以提示別人這段程式使用方法。

程式顯示操控區

當程式日漸複雜，積木日益增多之後，程式顯示區就會顯得狹小而不夠放了。這時候，我們應當要善用程式顯示區底下的程式顯示操控區。當點選了向右展開的按鍵之後，就會出現這樣的操控圖示條。

圖 26
程式顯示操控區

操控圖示中的兩個放大鏡分別表示縮小與放大功能。向左向右迴轉的圖示分別表示復原(Undo)上一個動作與重做(Redo)下一個動作。最右方的向左箭頭，則是收回操控圖示條的圖示。其實除了在操控區進行復原與重做以外，在程式顯示區當中的任何地方按下右鍵之後，就會出現五個選項。這裡的復原選項與重做選項和操控區的向左向右迴轉圖示的功能是一樣的。添加註解的選項，讓程式設計者可以不需要把註解和某一個區塊綁在一起，讓註解出現在程式顯示區的某一個地方。刪除N個積木是把程式顯示區當中的所有積木全部刪除。至於整理積木的選項，是程式設計師的福音。當有區塊疊到另一個區塊，也就是當有區塊被另一個區塊遮擋住的時候，就可以按下整理積木的選項。應用程式會自行地將各個堆疊與獨立的區塊排列整齊。

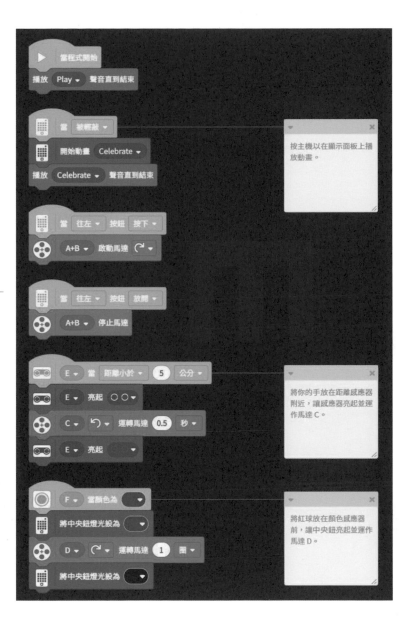

圖 15
在「歡迎機器人發明家！」專案
程式碼當中就可以看到三個註解
說明了這個專案測試使用方法

主機執行區

在程式顯示區的右下角是主機執行區,從右到左包含了三角形的執行按鍵、正方形的停止按鍵、以及一個數字按鍵。先前介紹「歡迎機器人發明家!」專案的時候,已經提到過如何讓程式執行與停止。

當按下左邊的數字按鍵之後,會跳出一個小視窗。在這個小視窗內,包含了最下方的收回按鍵、中間的下載/串流選項、以及一個小頭磚。小頭磚的中間是一個數字,左右分別有兩個向左向右的箭頭。當按下左箭頭或右箭頭時,小頭磚中間的數字就會加減。數字X的範圍從0到19。數字的預設值為0。為什麼數字的範圍是從0到19呢?那是因為主機內部的記憶體最多可以記錄20組專案。非資訊相關科系的讀者可能會丈二金剛摸不著腦袋。明明是20組專案編號應當是1~20,為何是0~19。但傳統電腦是二進制,第一個位元不是0,就是1。所以各種陣列的索引值,都是從0開始的。

我們可以選擇將當前的專案下載到主機,作為第X組專案。接著,按下三角形執行按鍵。當前的專案程式就會被複製到主機內的第X組專案的記憶體內。接著主機執行第X組專案的程式。如果認為程式尚未寫好,則可以選擇串流,讓應用程式執行專案的堆疊,然後把相應的指令發到主機去執行。如此一來,主機內部的記憶體就不用儲存這個專案了。

圖 27
主機程式組選擇區

圖 28 主機的左右按鍵用來
選擇第 X 組專案

當主機內記憶體的第X組專案已經儲存好程式之後，可以不需要應用程式來執行第X組專案。當主機開機之後，我們可以利用頭磚中央鈕旁邊的左按鍵與右按鍵來調整所要執行的專案是第X組。接著按下中央鈕就能執行被選的專案。

主機連線區

在程式顯示區的右上角是主機連線區。先前介紹的「歡迎機器人發明家！」專案，已經提到過如何與主機/頭磚進行連線。如果還不清楚的話，可以回頭看圖13主機已連線圖示與圖14主機各連接埠的狀態的相關部分。在應用程式已經與主機連線的狀態下點選主機圖示，應用程式會跳出一個主機狀態視窗，顯示與主機相關的所有資訊。

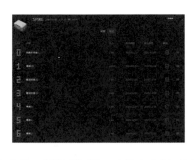

圖 29
主機狀態視窗的程式列表

在主機狀態視窗左上角是一個頭磚圖樣，它的上方顯示了主機名稱(SPIKE)、作業系統的版本與電池電量(100%)。在下方有兩個選項：硬體和程式。當點選了程式之後，就會出現第0組到第19組專案的各項資訊。

例如第0組專案的LED顯示是0，名稱是「倒數計時器1」，大小是占用記憶體的2kB，修改時間是最後一次修改「倒數計時器1」專案的時間，建立時間則是「倒數計時器1」專案首次上傳到主機的時間。垃圾桶圖示能夠用來刪除此專案。後面的=符號，可以用來調換專案的排序。比方說，我們可以拖拉第0組專案的=符號，把第0組專案調換到第7組專案的位置。程式選項的右方，有一個…按鍵。按下之後，會出現三個選項，分別是重新命名主機、重置主機與更新馬達。

圖 30
更新主機名稱或馬達的選項

顧名思義，重新命名主機的選項用來更換主機的名稱。值得一提的是，主機名稱可以使用中文喔。重置主機的選項是用來清洗主機的所有設定。至於更新馬達，在「 軟韌體更新與校正馬達 」小節曾經介紹過。

當點選硬體選項之後，程式列表會消失，取而代之的是五種主機的資訊。包含最下方的連接埠圖示，以及中間的傾斜角度、方向、陀螺儀速率與加速。

我們可以把各種輸出入裝置接到主機的連接埠上，下方的主機圖示就會出現連接到主機的裝置。每一個裝置的下方會出現當前感應器的一種感應值。在感應值的旁邊，有一個小小的倒三角形。當點選這個倒三角形之後，會出現多個選項。在表7連接埠所連裝置的顯示選項與說明當中，可以看到各種選項與其相關的說明。

在實際編寫程式的時候，往往會對各種感應器的感應值有所疑問。比方說馬達是否真的轉了45度角，顏色感應器是否偵測到紅球，距離感應器為何看不見牆壁。這個時候可以將機器人擺到牆壁旁邊，將紅球放在顏色感應器前，然後開啟連線裝置的感應狀態，就能了解到在程式所編寫的數據範圍是否和真實情況相符。當兩者不一致時，就必須修改程式的數據，以符合感應器所得到的感應狀態。

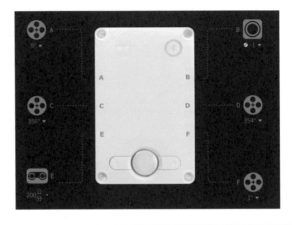

圖31
主機資訊視窗所顯示的
連接裝置與其感應器所
測得的感應值

表7
連接埠所連裝置的
顯示選項與說明

連接裝置	選項	說明
馬達	功率	顯示馬達的輸出功率百分比
	速度	顯示馬達的轉速百分比
	相對位置	顯示馬達軸的O標記與某一位置
	位置	顯示馬達軸的O標記與歸零位置 ●的角度位置
顏色感應器	顏色	顯示感應到的顏色代碼
	反射	顯示所感應物體反射光量的 百分比
	紅色	顯示反射光當中紅光的強度
	綠色	顯示反射光當中綠光的強度
	藍色	顯示反射光當中藍光的強度
距離感應器	距離(公分)	顯示物體的遠近 範圍約2~200公分
	距離(英吋)	顯示物體的遠近，範圍約2~79英寸
	距離(百分比)	顯示物體的遠近，範圍約2%~100%

頭磚的三軸滾轉與移動

在頭磚連接埠圖式的上方，有四個顯示選項，可以用來顯示頭磚本身的相關資訊。這些資訊是藉由頭磚內部的加速度計和陀螺儀感應出來的。如果在平面上擺著不動，在頭磚開機之後，加速度計和陀螺儀就會將當前的狀態歸零。接著去移動頭磚之後，加速度計和陀螺儀就會根據在三軸上的滾轉與移動狀態，顯示四種相關的資訊。

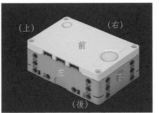

圖 32
頭磚方向與六面示意圖

頭磚是一個六面體，每一面都有一個名字。分別是相對的前後、上下與左右六面。當哪一面比較朝向天上時，頭磚的方向就會是那一面的名字。舉例來說，如果把有按鈕的白色前面朝上，頭磚的方向就會是「前」面。反之如果把電池的後面朝上，頭磚的方向就會是「後」面。

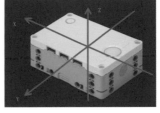

圖 33
頭磚的三軸加速方向

我們所處的是三維度的世界。正交的X、Y、Z軸可以用來描述物體的位置與方向。根據牛頓定律，當包括頭磚在內的任何物體受到力的時候，會加速移動。當頭磚擺著不動的時候，會受到重力的影響，所以Z軸的向下加速度會是975也就是975公分/秒^2。由於重力在地球上每一個地方不會一樣，所以當靜止不動時，這個數值可能會變動，但Z軸永遠會指向地心。X軸平行於頭磚「前」面的長邊，Y軸平行於頭磚「前」面的短邊。讀者可測試一下，讓頭磚沿著某一軸來回運動，觀察它的X軸加速度是否有正值到負值之間來回變化。

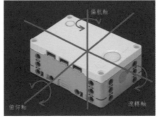

圖 34
頭磚的三軸轉彎方向

前面提到的XYZ三軸是指移動的方向，而傾斜或陀螺儀速率資訊顯示的，則是相對於三個轉軸的角度或角速率。一般都是使用俯仰(pitch)、滾轉(roll)與偏航(yaw)來形容這三個轉軸。當然這三個轉軸也是正交的。

想像坐在一架平飛的飛機，機頭向上稱之為仰起，機頭向下稱之為俯衝，所以俯仰動作是相對於兩邊機翼尖端的連線進行的，平行於兩翼尖端的連線稱之為俯仰軸。當飛機的左機翼向下，右機翼向上，稱之為左滾轉。反之當飛機的左機翼向上，右機翼向下，稱之為右滾轉。所以滾轉動作是相對於機頭與機尾的連線進行的，平行於機身軸線的線稱之為滾轉軸。

最後當機頭向左擺頭，稱之為左偏航。當機頭向右擺頭，稱之為右偏航。偏航動作是相對於飛機機身的上下垂直連線進行的，平行於飛機機身的上下垂直連線的線稱之為偏航軸。如果把頭磚看成一架飛機，它的「上面」可以視為機頭，「下面」可以視為機尾。「前面」可以視為機身上方，「後面」可以視為有起落架的機身下方。「左面」可以視為左舷，「右面」可以視為右舷。這樣一來，就可以了解頭磚的轉動方向。

 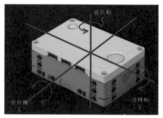

圖 35
頭磚的陀螺儀速率

陀螺儀能夠偵測三個轉軸的轉動速率變化。頭磚上裝有微機電陀螺儀，它可以偵測到俯仰、滾轉、偏航三軸的轉動速率。然而，應用程式並不直接寫明這三軸的名稱，而是改用XYZ來表示。其實俯仰、滾轉、偏航三軸分別就是XYZ三軸。

變數視窗區

在程式顯示區的右邊，還有兩個按鍵。上面的是遙控器區按鍵，下面的是變數視窗按鍵。由於變數和變數清單的記憶體內容是隨著程式的執行而動態地變化，如果想要知道變數和變數清單當中每一個元素的內容，可以按下變數視窗按鍵，就會跳出一個變數和變數清單的視窗。

如果您沒有在變數的指令顯示區內建立變數或變數清單，變數內容視窗將會是一片空白。然而如圖37變數與變數清單的指令顯示區和內容視窗所示，當我們建立了一個名為Variable的變數以及另一個名為VariableList的變數清單之後，內容視窗就會顯示Variable與VariableList出來。

因為變數Variable並未被初始化成初始值，系統給它的初始值為0，所以可以看到內容視窗當中的Variable值是0。然而，VariableList是一個變數清單，我們可

以在內容視窗內加入新的元素，並且賦予每一個元素的值。在圖36變數與變數清單的指令顯示區和內容視窗當中，VariableList含有四個元素，第一個元素的值也是0，第二至第四個元素的值分別被設定為1~3。

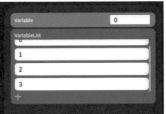

圖 36
變數與變數清單的
指令顯示區和內容視窗

遙控器視窗

在程式顯示區的右邊還有一個遙控器區按鍵。當新開一個空白專案之後，在指令選項區的遙控器部分是空白的，並沒有任何指令。如果按下遙控器區按鍵，跳出來顯示的遙控器視窗上也沒有任何元件可供遙控。

圖 37
遙控器區按鍵和空無一物的
遙控器視窗

在遙控器視窗右下的圖示，可以讓使用者調整視窗的大小。而遙控器視窗右上角的編寫圖示，可以跳出另一個遙控器設定視窗，用於將遙控器元件新增到視窗當中。

在遙控器設定視窗的中間，有許多點。當擺放搖控器控制元件上去之後，可以用於對齊這些控制元件。在遙控器設定視窗的右下角有兩個圖示，左邊的+號用於跳出控制元件選項視窗，右邊的打勾用於確認遙控器的設定。

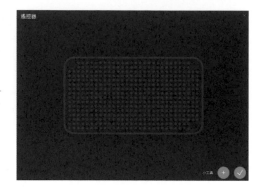

圖 38
空白的遙控器設定視窗

當+號小工具按鍵被按下之後，會出現六種控制元件。搖桿和十字鍵通常是用來操控方向，切換元件用來作為開關或二元選項。按鈕自然是用來觸發某種事件。水平和垂直滑桿則用於調整數值。

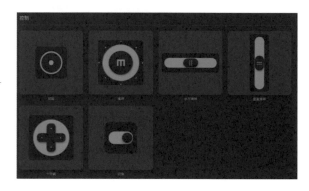

圖 39
遙控器的控制元件選項

當把這六種控制元件全部擺放到遙控器內之後，再看左邊的指令選項區，可以發現在遙控器底下已經多了一些指令，分別對應到這六種控制元件當中的一種。

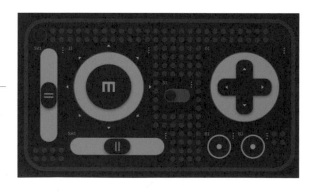

圖 40
放置到遙控器區的六種控制元件

在新增控制元件到遙控器之後，它的左上角是元件的名稱，右上角也有…設
定按鍵。當按下…設定按鍵之後，會出現以下的選項。可以利用這些選項來
變更元件的顏色、重新命名元件的名稱、以及刪除這個元件。例如圖41遙控
器上的控制元件的設定選項 所示的水平滑桿的原本名稱是SH1，但可以利用
重新命名按鍵把它改為SHOne。

圖 41
遙控器上的控制元件的
設定選項

從指令選項區出現的指令來看，可以分成對應到事件的帽型區塊，以及對應
到判斷條件是否成立的判斷區塊。每一種遙控器的控制元件都有相對應的帽
型區塊與判斷區塊可供利用。而且當元件改名了之後，相對應的指令的參數
選項也會跟著改名。

圖 42
對應到各種控制元件的
遙控器相關的指令

設定選項

最後回到應用程式的首頁。在首頁的下方有一個設定按鍵，按下後會彈出一個設定視窗。

圖 43
在設定視窗的左邊有五個選項

第一個選項是一般設定，按下它之後，設定視窗的右邊就會出現「歡迎機器人發明家！」專案。我們已經在先前仔細介紹過這個專案了。

第二個選項是語言。可以透過這個選項來選擇應用程式的顯示語言。如果作業系統的預設語言是繁體中文，那應用程式預設顯示語言也會是繁體中文。

第三個選項是拚砌說明。按下拚砌說明之後，設定視窗的右邊會出現五祖機器人的選項。當選擇某一祖機器人之後，會出現瀏覽器連接到樂高的網站，並且下載那一祖機器人的拚砌說明PDF檔案。

第四個選項是法律。設定視窗的右邊會提到Cookie、授權、隱私、使用條款和開放原始碼等五種選項。按下其中一個選項，會出現相關的條款合約。

第五個選項是協助與支援。設定視窗的右邊會有兩個選項，第一個是區塊文字說明。這裡的區塊指的是指令積木。樂高在這裡提供「純文字」的區塊說明。如果各位讀者的中文造詣很好的話，可以考慮單靠這個區塊文字說明來編寫程式。第二個選項是回饋意見。當按下回饋意見之後，應用程式會出現一個挑戰題，以便過濾掉無心按到的情況。

圖 44
回饋意見之前的挑戰題

回應正確答案之後，瀏覽器會連接樂高網站的意見回饋網頁。這個網頁的右上角可以選擇語言，例如中文。接著，就能夠進行樂高51515產品反饋調查。以上是Robot Inventor應用程式的各項功能的介紹。讀者應當具備有操作Robot Inventor的基礎知識，可以利用應用程式來開始編寫喔咿喔咿喔的程式，學習如何利用軟體控制硬體。

Chapter 2

頭磚
輸出篇

第二篇

頭磚輸出篇

在先前介紹過的系統架構當中，可以了解到即便沒有任何外接的裝置連接到頭磚的連接埠，頭磚本身已經具有輸出入裝置，主機自成一個完整的電腦系統。因此，我們在頭磚篇中要學習關於頭磚的輸出的所有程式介面。

5

Hello World

不知道是為什麼，幾乎所有程式寫作教學的第一課就是讓電腦在螢幕上輸出或列印字串「Hello World」。例如C語言的第一課是：printf("Hello World!\n")；Java語言的版本是：System.out.println ("Hello World!")；本篇也不能免俗，也要讓電腦在螢幕上輸出相同的字串。但問題來了，因為頭磚並沒有連接到電腦螢幕，要如何顯示字串呢？其實答案很簡單，因為頭磚上有5x5的燈光區，可以讓英文字串以跑馬燈的形式輪流出現在5x5的燈光區。解決了最困難的問題，接著讓我們進行第一課「HelloWorld」專案。

開啟Robot Inventor應用程式

這個步驟非常簡單，無論是甚麼版本的應用程式，都可以一鍵開啟。開啟後，請按首頁右下角的</>寫程式按鍵。如果一切順利的話，會出現一個新的專案Tab。Tab的名稱是專案X，X是一個正整數。

另存新檔 & 關閉專案 & 開啟舊檔

為了養成良好的程式寫作習慣，每次啟動新的專案之後的第一件事情，是將新的專案命名，並且儲存到我們想要的目錄。您可以按下選單區的檔案→另存新檔，或是按下專案X的⋯設定按鍵，就會跳出熟悉的儲存對話視窗。請在檔案名稱的地方輸入HelloWorld，然後按下存檔(S)按鍵或是Enter按鍵。新的專案Tab名稱就會變成為HelloWorld 1。

為了驗證您的另存新檔動作是否成功，可以按下專案Tab左側旁邊的X按鍵，關閉這個HelloWorld 1專案。然後應用程式的畫面會跳回首頁。

在應用程式首頁，有兩種方式可以重新開啟您剛才儲存與關閉的專案。第一種方式是透過選單區的檔案→開啟舊檔。第二種方式是按下首頁下方的專案按鍵，在跳出的專案選擇視窗當中，拉到最下方的其他，就可以找到剛才儲存的HelloWorld 1專案。

Hello World 程式

在開啟專案之後，可以在指令分類區點選燈光。接著將指令選項區的第五個指令寫出(Hello)，拖拉到右邊程式顯示區的當程式開始的帽型區塊之下。然後，再把橢圓形的參數Hello常數字串改寫成Hello World常數字串。由於在整個程式的執行過程當中，寫出區塊的字串參數內容是不變的，因此稱之為常數。

如果要養成好習慣的話，可以在指令分類區點選控制。接著將指令選項區的最後一個指令停止(全部)，拖拉到右邊程式顯示區的寫出(Hello World)區塊之下。這個停止區塊的意思是停止所有區塊堆疊的運作。當完成這三個區塊之後，我們就可以按照先前的做法，先連接主機，再到主機執行區去執行這個HelloWorld 1專案的程式。

圖 45
HelloWorld 1 專案的
三個區塊的程式

無論是在主機執行區當中選擇使用串流或是下載，只要按下主機執行區的三角形執行按鍵，就能夠看到主機的5x5燈光區快速地跑過Hello World大字。恭喜您，已經完成了自製程式的第一個專案！

但讀者可能觀察到一個現象，就是在字串顯示完畢之後，主機執行區的三角形執行按鍵旁邊還在轉圈圈。而且按下紅色的正方形停止按鍵之後，程式才會真正停止。

圖 46
雖然指令已經執行完畢
但程式尚未結束

想要避免指令已經全部執行完畢，但程式尚未結束的奇怪狀態，可以將最後一個停止(全部)區塊的參數，改為(並登出程式)。如此一來，當字串跑過5x5燈光區之後，程式就會登出結束。主機執行區又回復到原本的狀態，只有三角形的執行按鍵能夠被按下。

圖 47
程式結束執行後的
主機執行區按鍵狀態

除了大小寫英文字母A~Z以外,寫出(Hello)區塊也能夠顯示鍵盤上出現的符號,例如逗號、分號、句號等。但由於5x5的陣列實在太小,並不足以顯示中文。點矩陣中文字型,至少都是16x16或24x24。

6

燈光秀

先前的HelloWorld專案當中,我們可以利用寫出(HelloWorld)區塊在5x5燈光區顯示英文字母與符號的跑馬燈。除此之外,我們能夠讓5x5燈光區顯示自訂的燈光圖案。

開啟新的FiveByFive專案

首先請您如05.HelloWorld一般,開啟一個新的專案,名稱可以訂為是FiveByFive。接著,選擇指令分類區的燈光,然後把開啟(^_^)區塊拖拉到當程式開始區塊的下方。接著再選擇指令分類區的控制,把停止(並退出程式)區塊拖拉到開啟(^_^)區塊的下方。

您可以發堍這三行程式與Hello World專案很像,只不過是將中間的區塊換掉而已。接著,在主機執行區的地方按下三角形執行按鍵,您會發現笑臉圖案在5x5燈光區一閃而過,程式就結束了。雖然這不是我們預期的顯示效果,但確實是程式所要頭碼執行的結果。

圖 48
一閃而過的笑臉程式

停留數秒的笑臉

當我們想要讓笑臉在頭磚上多顯示一些時間時，可以先刪除原本的開啟(^_^)區塊，然後把燈光指令區的開啟(^_^)(2)秒區塊拖拉到當程式開始區塊的下方。如果您忘了如何刪除區塊的話，只要在想要刪除的區塊上按右鍵，然後選擇刪除即可。

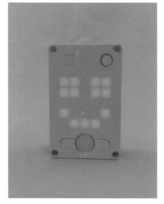

圖 49
顯示時間較久的笑臉圖形

接著在主機執行區的地方按下三角形執行按鍵，您會發現笑臉圖案在5x5燈光區會出現一兩秒鐘，程式才結束。您可以試著調整秒數，把2秒換成10秒，再重新執行程式看看。

調整燈光區亮度

除了調整時間以外，還有一個將像素值設為(50)%的區塊可以讓我們調整燈光區的亮度。只要在開啟(圖形)(N)秒的區塊之前，加入將像素值設為(50)%的區塊，就可讓整體的亮度減少一半。而且亮度值的參數也可設定在0~100之間。

圖 50
將燈光區亮度調成一半的程式

自製燈光區圖形

除了調整秒數與亮度值之外，我們還可以調整開啟(圖形)(2)秒區塊的顯示圖形。請按下笑臉圖形右邊的小三角形，就可以在區塊的下方開啟燈光區圖形的編輯視窗。在這個編輯視窗當中，大致分成三個區塊。右邊的區塊是九階亮度調整鍵。也就是說，每一個燈光都可以設置從最亮到最暗的九階亮度。

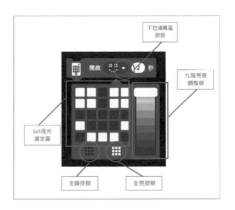

圖 51
燈光區的圖形編輯視窗

下方的兩個按鍵是歸零鍵。左邊的全暗按鍵是讓25個燈光的亮度設定值全部設為最暗。右邊的全亮按鍵是讓25個燈光的亮度設定值全部設為最亮。而剩下的自然是5x5燈光選定區,當點選某一個燈光時,會將右方的亮度調整鍵所對應的亮度值,設定到被點選的那一個燈光。

25個燈光的九階亮度總共有9²⁵種組合,對人類來說是個天文數字。現在請發揮您的數位繪圖技巧,利用這個圖形編輯視窗來畫出有趣的圖形吧。在這裡,我們畫出了(ㅠㅠ)與(-_-)兩種表情。利用三個開啟(圖形)(3)秒區塊,顯示從哭臉到笑臉的表情變化。然後,把這三個不同的開啟(圖形)(3)秒區塊,夾在當程式開始區塊與停止(並退出程式)區塊之間。換言之當程式開始之後,頭磚會先顯示(ㅠㅠ)三秒鐘,再顯示(-_-)三秒鐘,最後再顯示(^_^)三秒鐘。這就完成了我們的自製燈光區的小小動畫。

圖 52
自製的哭臉到笑臉的動畫

無限輪迴的動畫播放

當然上述的動畫程式只會顯示一遍從(ㅠㅠ)到(^_^)的過程。如果我們要讓(^_^)再回到(ㅠㅠ)的話,並且無限循環的話,可以利用控制當中的無限迴圈。

迴圈是指某一段重複執行的指令。最常見的迴圈型態是無限迴圈,也就是無限次重複執行迴圈內的指令,直到被外部的作業系統強制停止。請在指令分類區選擇控制,然後把重複無限次迴圈區塊拖拉到當程式開始區塊的下方。接著,把各種表情的開啟指令依序放到迴圈區塊當中,並且調整秒數。

圖 53
無限次數播放的表情變化動畫

在執行這個專案時，就可以看到頭磚上的燈光區在哭臉與笑臉之間來回循環
變化，直到按下主機執行區的正方形停止按鍵為止。

在這段程式當中，我們可以直接控制有幾個畫面，每一個畫面的顯示秒數。
然而應用程式提供了兩個集成的指令，可以讓我們播放預設的動畫。指令分
類區的燈光分類的前兩個區塊，就是用來播放預設動畫的區塊。首先來試一
下開始動畫(Play)區塊。同樣地使用簡單的三個區塊組成的堆疊來測試。

圖 54
開始動畫區塊的測試

當按下主機執行區的三角形執行按鍵之後，奇怪的是，在頭磚上並不能看到
任何動畫，專案程式就結束了！原來，開始動畫(Play)區塊執行之後，程式會
立刻執行下一個區塊，也就是停止(並退出程式)區塊。這樣一來，程式立刻就
停止了，自然就看不到任何動畫在燈光區顯示。因此，將開始動畫(Play)區塊
換成另一個播放動畫(Play)直到結束區塊。在執行這一個區塊之後，程式堆疊
會一直等待，直到動畫播放完畢，再執行下一個區塊，程式才會停止。

圖 55
播放動畫直到結束區塊的測試

當執行這一個程式時，就能夠看到名稱為Play的動畫播放完畢，然後程式才結束。接下來，試試播放其他的動畫。當點選到Play右邊的小三角形，就會跳出動畫選項的視窗。

圖 56
動畫選項的視窗

圖56動畫選項的視窗被分隔線劃分為上下兩個部分。上半部出現了既有動畫Play與新動畫New Animation的選項。原本被選擇的動畫Play左邊有勾選的圖式。我們可以改選新動畫New Animation來測試。但新動畫New Animation其實是空白的，並沒有任何內容，燈光區不會有任何變化。

動畫編輯器

想要製作一個新的動畫，可以先選擇新動畫New Animation，然後按下半部的動畫編輯器來編輯這個動畫。請先不要被這個動畫編輯器視窗給嚇到了，因為這個視窗算是應用程式當中最複雜的一個互動視窗。可以將視窗粗略分為上、下、左、右、中間五個部分。

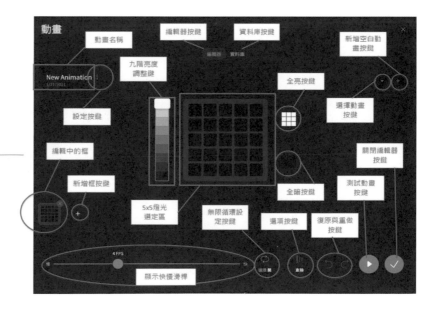

圖 57
動畫編輯器視窗解說

視窗上面部分最簡單了，只有兩個按鍵。左邊的是編輯器按鍵，當它被選擇時，就會出現以下的動畫編輯器視窗畫面。如果是隔壁的資料庫按鍵被選擇時，視窗的其他部分就會換成是動畫資料庫的視窗畫面。視窗的左邊部分包含了動畫名稱與日期，還有…設定按鍵。按下設定按鍵之後，會出現兩個選項。第一個選項是重新命名動畫，第二個選項是刪除動畫。我們想要在動畫編輯器當中重新建立如同前面變臉的動畫，因此可以將New Animation重新命名為Faces動畫。

接著在視窗的右邊有兩個按鍵。+按鍵是用來新增空白動畫。當按下+按鍵之後，視窗左邊的動畫名稱會變成New Animation X，X為正整數。另一個三角形按鍵是用來選擇專案曾經開啟過的所有動畫中，選擇所想要編輯的動畫。

視窗的下邊最複雜，用來編輯燈光區的框。動畫是由複數個框組成。當開啟空白動畫時，就只有一個編輯中的框。如果已經有許多編輯好的框，就看哪一個框的右上角有一個X刪除圖示，表示那一個框就是目前所編輯的框。如果要刪除某一個框，就先用滑鼠點選它，然後再按它右上角的X圖示加以刪除。

在編輯中的框的右方，會有一個+新增框圖示。這就表示要在編輯中的框的右邊加入一個框。當已經有許多編輯好的框，想要在兩個框的中間加入一個框時，可以選擇左邊的框，然後按下+新增框圖示。如此一來，一個新的框就會出現在這兩個框的中間。但要注意，新增的框的燈光設定是和先前被選定的左邊的框的設定相同，並不一定是完全空白的。

視窗下方還有顯示快慢滑桿，最慢是每秒一個框(FPS，frame per second)，最快是每秒十個框。在滑桿的右方是無限循環設定按鍵，如果選擇「開」的話，那麼將會無限循環播放這些框。假設選擇「關」，動畫只會播放一遍。

除此之外，視窗下方有選項按鍵、復原與重做按鍵、測試動畫按鍵與關閉編輯器按鍵。測試動畫按鍵可以用來在螢幕上顯示當前編輯的動畫效果。視窗中間則是框的編輯區域，和圖51燈光區圖形編輯視窗一樣，框的編輯區域有相同元件，能用來設定25個燈的九階亮度。在此三種臉的四個框依序編好。

圖 58
Faces 表情動畫的四個框

在設定好框之後，可以再將無限循環設為「開」。然後，再把顯示速度的滑桿設為每秒2框。換言之，每框的顯示時間是0.5秒。這樣一來，Faces動畫的設定就和 圖53無限次數播放的表情變化動畫 程式一模一樣了。

由於Faces動畫被設定為無限循環，因此在播放動畫(Faces)直到結束區塊的下方就不用再放停止(並退出程式)的區塊了。可以輪流執行圖53 無限次數播放的

圖 59
播放 Faces 動畫的程式

表情變化動畫與圖59播放Faces動畫的程式，發現肉眼是看不出它們的差別的。但很明顯地，當使用播放動畫的區塊，程式相當簡潔，只需要兩行。而圖53無限次數播放的表情變化動畫 的程式就需要手動設定。因此建議可以先將常用的動畫編輯好，以供日後的調用。

在結束動畫編輯器畫面的解說之前，還要提到選項按鍵的內容。應用程式提供了六種框與框之間的「融接」效果。分別是直接顯示、覆蓋顯示、從左滑入、從右滑入、淡入(fade-in)與淡出(fade-out)。

圖 60
動畫框的融接選項

可以選擇這六個選項當中的一種，作為下一個框出現的效果。例如，選擇從左滑入的效果時，新的框會從左邊滑入燈光區，舊的框會從右邊被擠出去。至於淡入和淡出效果，常看電影的讀者應該都很熟悉畫面逐漸變淡變白，或者從白霧中逐漸清晰的畫面。

動畫資料庫

除了辛苦地製作動畫以外，還可以使用五祖機器人所附帶的動畫資源。可以在動畫編輯器視窗的上方，點選資料庫按鍵。又或者是在動畫選項視窗的下方點選動畫資料庫，就會跳出動畫資料庫的視窗。

動畫資料庫視窗和動畫編輯器視窗的上半部都是一樣的，點選編輯器按鍵就可以將動畫資料庫視窗改成動畫編輯器視窗。資料庫視窗的下方是各種動畫的首框圖示，圖示的下方就是動畫的名稱。在圖示的上方有一排按鍵選項，包含了全部、五祖機器人的相關動畫、以及其他。如果想要選用五祖機器人

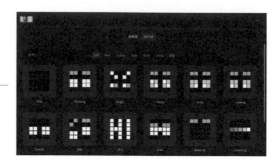

圖 61
動畫資料庫視窗畫面

當中某一祖的頭磚動畫，可以點選那一祖的名稱。這樣就可以濾掉其餘的動畫。在五祖機器人的最右方還有一個其他按鍵，會顯示另外附贈的三個動畫。當您記得動畫的名稱時，可以在左邊的搜尋框內鍵入名稱，就能夠很快地找到動畫。

然而比較遺憾的是，先前編輯的Faces動畫並沒有被放在資料庫當中。可能是因為頭磚內部的記憶體有限，只能預放一些動畫設定，而無法將自製的動畫資料放在頭磚內。

利用程式控制每一個燈

無論是用播放動畫區塊或是開啟圖形區塊，都是對整個燈光區的全部25個燈作高階的設定。不過，我們可以利用程式來控制這25個燈當中的每一個燈的亮與暗。在指令分類區裡，有一個將位於(X),(Y)的像素亮值設為(N)%的區塊，可以用來控制每一個燈的亮度值。由於燈光區有5x5的燈光陣列，因此上述的X與Y的值都是介於1~5之間。

(1,1)	(2,1)	(3,1)	(4,1)	(5,1)
(1,2)	(2,2)	(3,2)	(4,2)	(5,2)
(1,3)	(2,3)	(3,3)	(4,3)	(5,3)
(1,4)	(2,4)	(3,4)	(4,4)	(5,4)
(1,5)	(2,5)	(3,5)	(4,5)	(5,5)

表 8
燈光區的像素座標

圖 62
控制單一像素亮起

為了驗證上表的座標，以上的程式將X值設為1，Y值設為5。為了進一步測試或展示每一個燈的控制能力，可以寫一個有兩個迴圈的程式來亮燈。上述的兩個迴圈分為外迴圈與內迴圈。外迴圈的圈數與X座標值相關，內迴圈的圈數與Y座標值相關。因此，要先到指令分類區的變數，連續建立兩個變數，一個是X，另一個是Y。

圖 63
建立 X 變數與 Y 變數

由於X與Y的值都介於1~5之間，因此要進行五圈外迴圈。在執行第一外迴圈內的指令時，X值為1。當執行完第一外迴圈內的指令時，把X值增加1。因此，在執行第二外迴圈內的指令時，X值為2。依此類推，直到執行完五次外迴圈為止。在每一次第X外迴圈所要執行的指令，包含了五次內迴圈。在執行這五次內迴圈之前，先要把Y值設定為1。因此，在執行第一內迴圈內的指令時，Y值為1。同樣地，當執行完第一內迴圈的指令時，需要把Y值增加1。因此在執行第二內迴圈內的指令時，Y值為2。依此類推，直到執行完五次內迴圈為止。

在每一次內迴圈當中，可以先利用關閉像素區塊，把前一次內迴圈所開啟的燈給關掉。再利用將位於(X),(Y)的像素亮值設為(100)%的區塊，把座標為(X，Y)的燈光開啟。接著，執行等待(0.5)秒的區塊，讓程式暫停執行0.5秒。也就是說，像素燈會持續亮著0.5秒，直到下一次的內迴圈到來，下一次執行的關閉像素區塊才會把它關閉。

換言之程式在每一個外迴圈當中，都會執行五次內迴圈。於總共有五個外迴圈，因此內迴圈當中的關閉像素區塊與設定像素亮值區塊總共會被執行25次，剛好對應到25個燈光區的像素燈。

表 9
內外迴圈執行時的
變數 X 與 Y 的值

	第1外迴圈		第2外迴圈		第3外迴圈		第4外迴圈		第5外迴圈	
	X	Y	X	Y	X	Y	X	Y	X	Y
第1內迴圈	1	1	2	1	3	1	4	1	5	1
第2內迴圈	1	2	2	2	3	2	4	2	5	2
第3內迴圈	1	3	2	3	3	3	4	3	5	3
第4內迴圈	1	4	2	4	3	4	4	4	5	4
第5內迴圈	1	5	2	5	3	5	4	5	5	5

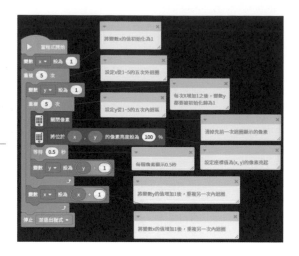

圖 64
利用兩個迴圈輪流點亮燈光區
每一個像素的程式

在執行專案之前,可以先開啟變數視窗區。以便在專案執行時,觀察變數X與變數Y的值。程式會以從左至右,從上到下的順序來輪流亮起每一個像素燈。

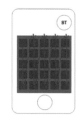

圖 65
燈光區的 25 個像素燈亮起的
順序與變數 x 和 y 的動態值

中央鈕燈光

能夠完全掌握燈光區的開關之後,頭磚上還有一個中央鈕的燈是可以利用程式控制的。在指令分類區的燈光分類當中有一個將中央鈕燈光設為(?)光的區塊,可以用來設置中央鈕的燈光顏色。

圖 66
中央鈕可以設定為七種顏色

表 10
中央鈕的燈光顏色所
對應的變數值

色	0	1	2	3	4	5	6	7	8	9	10
色	閉	■	閉	■	■	■	閉	■	閉	■	□

和燈光區的燈光亮度一樣,也可以用變數來替換中央鈕的燈光顏色。不過據測試,代表中央鈕的燈光顏色的數值並不是連續的。在這裡同樣利用一個稱為LightColor燈色的變數,執行11次迴圈。用來測試當LightColor的數值從0到10的時候,頭磚的中央鈕燈光顏色是否像 表10中央鈕的燈光顏色所對應的變數值 一樣依序來變化。

圖 67
利用燈色變數來控制中央鈕的
燈光顏色

7

蜜蜂嗡嗡嗡

頭磚除了能夠發出燈光以外，還有一隻小蜜蜂在裡面嗡嗡作響。而為什麼是小蜜蜂呢？這是因為頭磚內部有一個蜂鳴器(buzzer)，用來發出聲音。

開啟新的Buzzer專案

首先請您如05. Hello World一般，開啟一個新專案名稱可以訂為Buzzer。接著，選擇指令分類區的聲音，然後把開始播放蜂鳴聲(60)區塊拖拉到當程式開始區塊的下方。接著，再選擇指令分類區的控制，把停止(並退出程式)區塊拖拉到開始播放蜂鳴聲(60)區塊的下方。

圖 68
還沒播放蜂鳴聲就停止的程式

您可以發現這三行程式與Hello World專案很像，只不過是將中間的區塊換掉而已。接著，在主機執行區的地方按下三角形執行按鍵，您並不會聽到有任何蜜蜂的蜂鳴聲，程式就結束了。雖然這不是我們預期的聲音效果，但確實是程式所要頭磚執行的結果。由於開始播放蜂鳴聲(60)區塊的作用是讓頭磚的蜂鳴器發出頻率為60的聲音之後，就馬上執行下一個區塊。但由於下一個區塊是停止(並退出程式)的區塊，所以蜂鳴器還來不及出聲，程式就停止退出了。

持續數秒的蜂鳴聲

同樣地可以把開始播放蜂鳴聲(60)區塊換成另一個指定播放時間長度的播放蜂鳴聲(KEY)(N)秒區塊，並且把秒數拉長，就能聽到小蜜蜂的嗡嗡嗡聲音囉！

圖 69
持續嗡嗡嗡 10 秒的程式

在鋼琴上跳舞的蜜蜂

讀者們一定很好奇,區塊當中的KEY參數究竟代表甚麼意義呢?其實它代表的是頻率,對應到鋼琴上的某一個鍵。當點選到參數時,就會出現一個八度音的小鍵盤。

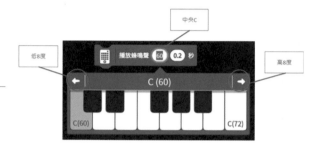

圖 70
鍵盤與蜂鳴聲區塊參數的
對應視窗

鋼琴的鍵盤分為七組八度音(Octave),每一組八度音有七個白鍵和五個黑鍵,總共有12個鍵。KEY參數的預設值是60,代表的是第四組八度音的C鍵,也就是Do。這個C鍵俗稱是中央C或中央Do。

在鍵盤視窗的最右邊一個鍵的值是72。這個鍵是右邊另一組八度音的C鍵。72減去60就等於12。因此,在這個八度音裡的12個鍵的值,表示為60至71。如果要發出更高的音,可以按鍵盤右上角的→按鍵。可以顯示更高的一組八度音。反之,如果要發出更低的音,可以按鍵盤左上角的←按鍵。可以顯示更低的一組八度音。但是頭磚蜂鳴器的音域不能和鋼琴比,它只能發出五組八度音。最低音的鍵的值是C(48),最高音的鍵的值是C(108)。108減去48等於60,也就是五個12。

換句話說,開始播放蜂鳴聲(KEY)區塊和播放蜂鳴聲(KEY)(N)秒區塊當中的KEY值是有上下限的。下限值是48,上限值則是108。如果手動輸入比48還小的值,應用程式會自動將KEY值調整成48。反之如果輸入比48還大的值,應用程式會自動將KEY值調整成108。

圖 71
小蜜蜂簡譜的頭一段

| 5 3 3 - | 4 2 2 - | 1 2 3 4 | 5 5 5 - |

嗡嗡嗡　　嗡嗡嗡　　大家一起　　勤作工

既然頭磚裡有一隻小蜜蜂了,我們就讓它嗡出小蜜蜂的頭一段。根據簡譜,可以設定它的一拍長度是0.5秒。

接著可以整理出頭一段的音符與音符長度對照表。然後利用按右鍵複製播放蜂鳴聲(Key)(N)秒區塊的功能，快速地製作出頭一段的小蜜蜂音樂。

	1	2	3	4	5	6	7	8	9	10	11	12	13
簡譜	5	3	3	4	2	2	1	2	3	4	5	5	5
鍵	G	E	E	F	D	D	C	D	E	F	G	G	G
KEY	67	64	64	65	62	62	60	62	64	65	67	67	67
長度	0.5	0.5	1	0.5	0.5	1	0.5	0.5	0.5	0.5	0.5	0.5	1

表 11
小蜜蜂簡譜與 KEY 值和
播放長度的對應表

如果覺得頭磚只播放聲音實在太無趣，可以結合前一章06.燈光秀，在播放音樂之前，讓頭磚播放動畫。由於播放音樂像是在播放錄音帶一樣，所以可以選擇資料庫當中的動畫Spinning。利用表11小蜜蜂簡譜與KEY值和播放長度的對應表，可以讓一個播放蜂鳴聲(?)(?)秒區塊對應到一個音符。由於頭一段有13個音符，所以在程式中有13個播放蜂鳴聲(?)(?)秒區塊。這種硬碼的程式實在有點呆。如果一首音樂有幾百個音符需要演奏，程式設計師就必須編寫幾百個播放蜂鳴聲(?)(?)秒區塊。不說辛苦，實際上那麼長的程式也很難編輯。

圖 72
小蜜蜂的頭一段音樂程式

根據清單內容來跳舞的蜜蜂

播放幾個音符和播放幾百個音符的差別在於重複執行幾次播放蜂鳴聲(?)(?)秒區塊。由於每一個播放蜂鳴聲(?)(?)秒區塊都需要兩個參數：key值與時間長度值，因此可以根據樂譜準備好兩個清單。第一個清單Keys記載全部音符的key值，第二個清單Lengths記載全部音符的播放時間長度。然後再根據清單Keys或Lengths的清單長度或元素(element)的個數執行多次迴圈。迴圈的次數等同於音符的個數。

在進入迴圈之前，先初始化一個索引值index。它是用來指向清單Keys或Lengths當中的第index個元素(element)。舉例來說，當index索引值為5的時候，可以取得Keys清單當中的第5個key值，以及取得Lengths清單當中的第5個播放時間長度值。也就是說在每一次迴圈當中，可以利用index索引值來取得Keys清單中的當前key值以及取得Lengths清單中的當前length值，根據這兩個值來執行一個播放蜂鳴聲(?)(?)秒區塊。而在每一次迴圈結束之前，記得得幫索引值index的值加1，好讓它指向清單Keys或Lengths的下一個元素。

上述的思路雖然美好，但似乎漏掉了一個很重要的東西，那就是休止符！由於安靜是樂譜的一部份，所以休止符和普通的音符一樣也有「播放」長度。至於要如何在Keys清單中表示休止符呢？其實很容易。因為在先前提過，key值的有效範圍是落在48與108之間，只有落在這個區間的key值才有辦法正確地播放出來。所以在執行播放蜂鳴聲(?)(?)秒區塊之前，可以先判斷當前的key值是否落在這個區間。當判斷結果是真，就執行播放蜂鳴聲(?)(?)秒區塊。反之當判斷結果是偽，表示當前的key值為休止符。那麼就可以據當前length值，執行等待(Length)秒的區塊，用來「演奏」休止符。

根據這樣的思路，可以先在指令分類區的變數分類，建立兩個清單Keys或Lengths，分別用於儲存所有音符的key值與播放秒數。以及建立三個變數，索引值index、當前key值與當前的播放秒數length值。請注意，清單的名稱是複數型的單字Keys，對應的當前key值是單數型的單字key。同樣地清單的名稱是複數型的單字Lengths，對應的當前播放秒數是單數型的單字length。

接下來可以開啟變數視窗區。根據表11小蜜蜂簡譜與KEY值和播放長度的對應表的內容，把13個key值與13個播放長度值逐一地新增到清單Keys或Lengths當中。

如果您願意的話，也可以把小蜜蜂或其他音樂的整首樂譜整理好，將所有音符的key值與播放長度值新增到清單Keys或Lengths當中。如前所述，當遇上休止符，可以在清單Keys當中填入一個不在48~108區間的key值，例如填0。但要記得，休止符的長度仍然要填入到清單Lengths的相應元素當中。如果填好之後，清單Keys或Lengths的長度不同，就表示出錯了！

在執行程式之前，別把變數視窗區給關掉了。如果您聽到音樂不對了，可能

是先前輸入的元素有問題。為了找出問題來,您可以在如果區塊之前,先等待個幾秒鐘,用來核對每一次播放區塊的參數Keys或Lengths是否正確。相信您聽完頭磚正確地播放辛苦輸入的樂譜,一定是非常開心喜悅。

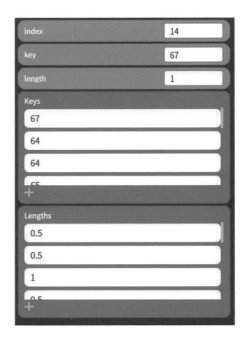

圖 73
小蜜蜂頭一段變數清單 Keys 與 Lengths 的值

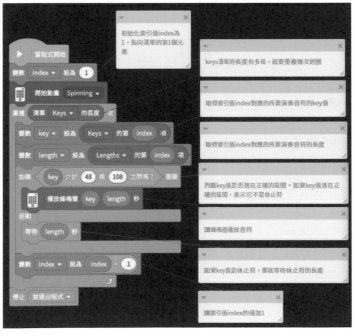

圖 74
播放清單 Keys 與 Lengths 內容所記載音樂的程式

8

開啟新的Sounds專案

首先請檢查電腦是否被設定為禁音！請先檢查電腦是否被設定為禁音！請先檢查電腦是否被設定為禁音！因為很重要，所以要講三次。如果電腦被設為禁止出聲的話，以下有關電腦的部分怎麼玩都不會有聲音出現。

接著請您如05. Hello World一般，開啟一個新的專案，名稱可以訂為是Sounds。接著，選擇指令分類區的聲音，然後把開始(CatMeow1)聲音區塊拖拉到當程式開始區塊的下方。接著再選擇指令分類區的控制，把停止(並退出程式)區塊拖拉到開始(CatMeow1)聲音區塊的下方。

圖 75
播放 CatMeow 喵喵叫的聲音

您可以發現這三行程式與Hello World專案很像，只不過是將中間的區塊換掉而已。接著，在主機執行區的地方按下三角形執行按鍵，您並不會聽到有任何貓叫聲，程式就結束了。雖然這不是我們預期的聲音效果，但確實是程式所要頭磚執行的結果。由於開始(CatMeow1)聲音區塊的作用是讓電腦播放預錄的貓叫聲之後，就馬上執行下一個區塊。但由於下一個區塊就是停止(並退出程式)的區塊，所以喇叭還來不及出聲，程式就停止退出了。同樣地可以把開始(CatMeow1)聲音區塊換成另一個開始(CatMeow1)聲音直到結束區塊，就可以聽到小貓的喵喵叫囉！

圖 76
播放完喵喵聲後才結束的程式

不止嗡嗡嗡，頭磚也能發出音響

在CatMeow1的聲音名稱旁邊有個小三角形，當按下這個小三角形時，下方就會出現三個設定聲音的選項。分別是新增聲音、錄製聲音與編輯聲音。無論按下哪一個選項，都會出現聲音視窗。在聲音視窗的左上方，記錄著主機儲存空間：90%。因為聲音檔是實際取樣後的檔案，如果記錄到主機的話，恐怕主機的記憶體會被全部佔滿而無法運作。所以左上角的訊息告訴我們，主機的記憶體已經快被用光了。

圖 77
設定聲音的選項

在聲音視窗的上方，有四個按鍵，分別是主機上的聲音、編輯器、資料庫與錄音。當點選主機上的聲音按鍵時，視窗的下方會出現已經存在主機上的聲音檔案。這些聲音檔案和五祖機器人當中的某一個機器人相關，所以內建在主機的記憶體當中。當然也還有一些和五祖機器人無關的其他聲音檔案。如果要快選的話，可以在搜尋欄位鍵入聲音的名稱。

圖 78
選擇播放主機上的聲音

有趣的是，當我們點選了某一個聲音之後，電腦就會播放這個聲音出來試聽，並且在聲音視窗的最下方出現一個新增到畫布(canvas)的按鍵。如果滿意的話，按下新增到畫布按鍵，就會讓聲音的選項中出現剛剛新增的聲音。回到聲音的選項視窗，可以看到在CatMeow1聲音選項的右邊，並沒有頭磚的圖示。然而主機上的聲音名稱的右邊有頭磚的圖示。當選擇的是主機上的聲音名稱時，下方的編輯聲音的選項也消失不見了。這當然是因為應用程式不願意讓使用者新增與修改主機上內建的聲音，所以就把編輯聲音的選項給隱藏起來。接著可以選擇某一個主機上的聲音，然後執行這個專案，就可以聽到頭磚發出先前電腦播放的聲音。

圖 79
選擇主機上的聲音

同時讓電腦與頭磚發聲

圖 80
電腦與頭磚同時發出聲音

由於可以分別由電腦與頭磚發出聲音,所以我們來試試看能否讓電腦與頭磚同時發出聲音呢?可以在開始()聲音區塊的下方接著放置播放()聲音直到結束區塊,然後把電腦播放的聲音與主機上的聲音作為這兩個區塊的參數。由於主機在執行開始()聲音區塊之後,馬上就會執行放置播放()聲音直到結束區塊。而這兩個區塊分別控制電腦和主機,並不會產生衝突。所以我們就能同時聽到電腦與頭磚所發出的聲音了!

聲音資料庫

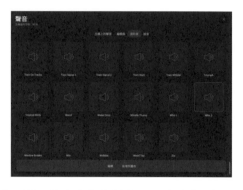

圖 81
聲音資料庫

和動畫有資料庫一樣,聲音也有資料庫。只需要點選聲音視窗的第三個選項:資料庫,就可以顯示應用程式內建的聲音資料庫。比較奇怪的是,內建的聲音數量比主機上的聲音數量還要多,但視窗中並沒有搜尋欄位讓使用者能夠依照聲音的名稱快搜。

同樣地當點選到某一個聲音之後,電腦會播放這個聲音試聽。然後在視窗的最下方出現編輯與新增到畫布的兩個選項。當按下新增到畫布的選項之後,所選的聲音名稱就會出現在聲音選項的視窗當中。當按下編輯之後,聲音視窗會改成聲音編輯器的視窗。聲音編輯器可以編輯既有的聲音,也可以編輯新錄好的聲音。在介紹聲音編輯器之前,可以先來試試錄音功能。

錄音機

聲音視窗的錄音功能非常簡單,就只有一條聲訊線,一個錄音碼錶和一個開始錄音的紅心圓按鍵。當按下紅心圓按鍵之後,如果電腦的麥克風能夠正常

圖 82
聲音視窗的錄音畫面

運作，就會看到錄音碼錶啟動，聲訊線隨著聲音的大小聲而跳動。

雖然電腦的記憶體遠比主機來得大，但應用程式仍然限定聲音的最大長度是十秒鐘。如果想要錄製比十秒鐘更長的聲音，就需要分段錄製，然後再用多個區塊接起來播放。當應用程式正在錄音的時候，紅心圓按鍵內的白色圓會變成白色正方形。按下紅心白正方形按鍵之後，聲音視窗會改成聲音編輯器的畫面，並且把剛才錄得的新聲音作為聲音編輯器的新聲音Recording X，X為正整數。

聲音編輯器

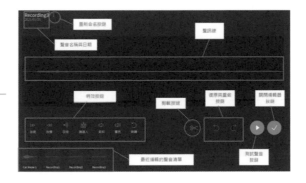

圖 83
聲音編輯器

由於聲音名稱自動變成Recording X，可以按下聲音名稱旁邊的…按鍵，重新為聲音命名。下方的聲訊線代表聲音的全長。換言之，無論聲音是十秒鐘還是一分鐘，聲訊線會顯示聲音的全體長度。雖然方便觀看，但由於聲訊線下方並沒有時間刻度，想要精確地剪輯有點困難。

在聲訊線的下方有七個特效按鍵，分別是加速、放慢、回音(echo)、機器人、柔和、響亮與倒轉。無論是按下哪一個特效之後，都可以看到聲訊線有所變化，而且還會把加上特效後的聲音播放出來試聽。如果不滿意的話，記得按下旁邊的復原(Undo)按鍵。如果想要多聽幾遍，可以按下右下角播放聲音的三角形按鍵。

加速與放慢特效是相對應的。柔和與響亮也是相對應的兩個特效。最有趣的是倒轉，等於是把聲音倒著放。機器人特效可以讓人聲變成是機器人講話的樣子。回音則是像KTV的麥克風回聲特效。

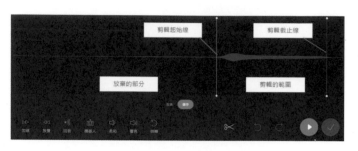

圖 84
聲音剪輯畫面

當在錄音過程的開始或結果有一些雜音，或是不想要的部分時，可以利用圖示為一把簡單的剪輯按鍵來將聲音片段去頭去尾。在按下剪輯按鍵之後，會在聲訊線的左右各出現一條直線。由於聲訊播放是由左至右，左邊的直線是剪輯起始線，右邊的直線是剪輯截止線。換句話說剪輯功能會保留在這兩條線之間的部分。它把剪輯起始線以左的部分與剪輯截止線以右的部分刪除。

當這兩條線之一被移動之後，聲訊線下方就出現取消和儲存兩個按鍵。如果不想要剪輯，可以按下取消按鍵。反之，如果想要掐頭去尾，則可以按下儲存按鍵。在按下儲存按鍵之後，兩條線部分的聲訊線就會被拉大到整條聲訊線的長度，其餘的部分就消失不見了。如果滿意的話，可以按下關閉編輯器按鍵，就能夠儲存這個聲音。

然而需要注意的是，所錄製的聲音只能用在這個專案當中，並不能用在其他專案。如果想要輸出聲音，可能得用手機或其他錄音機把聲音錄下。再到其他專案的錄音畫面，用手機或其他錄音機重放再生出來重新錄製。除了可以編輯新錄製的聲音之外，也可以對資料庫內的聲音進行編輯。在聲音資料庫當中選定某一個聲音之後，按下方的編輯按鍵，應用程式就會將開啟聲音編輯器，並且將選定的聲音名稱後方加個正整數，作為編輯中的新聲音。

先前我們已經試驗過電腦與頭磚的同時發聲，那麼電腦能否同時發出不同的聲音呢？其實也是可以的，例如底下這個貓狗齊鳴的程式。

圖 85
貓狗齊鳴的程式

這是因為電腦的作業系統當中具有混音器程式或硬體，能夠將不同的聲音混和在一起輸出到喇叭當中，所以我們會聽到喵喵叫和汪汪叫。由於頭磚上並沒有混音器程式或硬體，並不能同時播放兩個以上的聲音。所以圖86頭磚只

圖 86
頭磚只能播出一個聲音

能播出一個聲音 的程式執行之後，只能聽到頭磚用機器人的口吻講One，
Two，Three，Four而已，並不能聽到Affirmative聲音。

控制音量

無論是頭磚或電腦在播放聲音時，都可以利用程式控制聲音的音量大小。音
量的大小是個從0~100%的區間，音量的設定值本身也可以是一個變數。可以
在指令分類區的聲音當中，將音量先前空格打勾，就能利用「音量」變數。

圖 87
聲音指令分類區當中的
音量控制區塊與變數

圖 88
越來越小聲的程式

想要控制音量，可以利用音量設為()%區塊，在參數中填入0~100之間的數
字。或者是利用音量改變()區塊，將音量加減參數所填入的數字。例如參數
是-10的話，表示將音量減少10%。以下是一個具有十次迴圈的音量測試程
式，每次減少10%聲音播放音量。在執行之前，需要在音量變數之前的方格打
勾。此外，也可以開啟變數視窗區，觀察音量變數值的變化。

雖然音量設為()%區塊並沒有防止輸入錯誤參數的功能，但實際上音量變數的
值仍然會落在0~100%之間。當我們故意將參數設為200%時，音量變數的值會
是最大值100。接著流程進入十次迴圈。在每一次的迴圈當中，都先讓5x5燈
光區顯示出當前的音量值，然後再播放1234的聲音，最後再利用音量改變()區
塊將音量減少10%。在執行專案時，會聽到機器人數數的聲音會越來越小。雖
然在這個範例程式當中，是讓頭磚發出聲音。但如果選擇播放的聲音是在電
腦上播放，仍能夠用相同的方式來控制音量。

控制音高與左右聲道

除了音量之外，也能夠利用程式來控制音高，也就是聲調。音高的區間應該也是落在0~100%。數字越大，音調越高。雖然之前可以利用音量變數來觀察到音量的設定值，但卻看不到音高的設定值。無論如何，同樣還是可以利用多次迴圈來測試逐漸升高的音調。

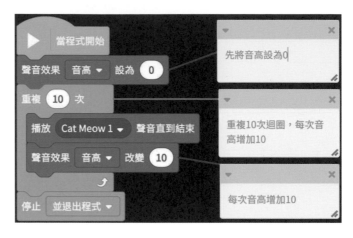

圖 89
越來越高調的程式

在設定音高的部分，同樣有兩個區塊。第一個聲音效果(音高)設為()區塊的第二個參數，用來設定音高。另一個聲音效果(音高)改變()區塊的第二個參數，則是用來相對地調整音高。可以利用正整數的參數來調高音高，或是利用負整數來調低音高。

這兩個區塊的頭一個下拉式參數，除了音高之外，還有聲道左/右。當頭一個參數選擇聲道左/右的話，如果完全要從左聲道輸出的話，可以將第二個參數設為-100。如果完全要從右聲道輸出的話，可以將第二個參數設為+100。假設第二個參數是0的話，則是左右聲道平衡輸出。當第二個參數介在-100~0之間，左聲道輸出的聲音比較大聲。反之，當第二個參數介在0~100之間，右聲道輸出的聲音比較大聲。

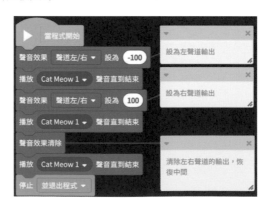

圖 90
設定左右聲道的程式

另外還有一個聲音效果清除區塊，能夠將之前的音高設定與聲道左/右設定值歸零。音高設定值歸零之後，就會恢復正常的聲音。聲道左/右設定值歸零之後，就會左右聲道平衡輸出。

停止所有聲音

圖 91
停止所有聲音區塊

由於應用程式可以同時在頭磚與電腦播放聲音，如果要播放「安靜」，就可以使用停止所有聲音區塊，讓頭磚和電腦同時安靜下來。至此已經介紹完頭磚的燈光與聲音輸出。同時也介紹了單一迴圈與雙重迴圈的使用。接著，將要進入感應器的世界。

第三篇

感應器篇

人類有眼耳鼻舌身的感官,而機器人的感官就稱之為感應器。本篇我們要介紹的是頭磚內部與外接的感應器。

9

事件驅動的世界

有了感應器之後,接著可以有兩種程式的典範(paradigm)來編寫感應器的回應程式。第一種典範是輪詢(polling),第二種典範是事件驅動與處理(event driven and handling)。

輪詢典範

輪詢典範是程式定時地主動去詢問感應器,當判斷感應值是需要處理的情況時,則執行回應程式。在執行回應程式的時候,主程式可以繼續輪詢其他感應器,以及執行其他回應程式。

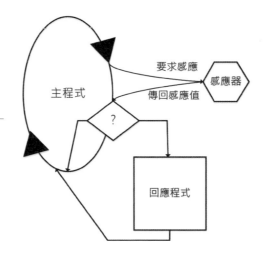

圖 92
輪詢典範

主程式通常是一個無窮迴圈,在迴圈當中輪流詢問各個感應器。主程式可以自主地控制是否詢問感應器,也能控制詢問感應器的時機、次數或頻率。如果是沒經驗的程式設計師,主程式的無窮迴圈若出了意外,那麼主程式就會當機。由於這種情況出現得太多次,造成程式設計的許多障礙,所以Scratch或樂高應用程式允許使用另外一種程式典範:事件驅動與處理典範。

事件驅動與處理典範

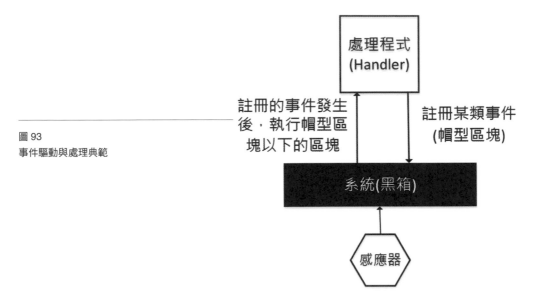

圖 93
事件驅動與處理典範

在這個典範當中，系統把剛才提到的主程式的無窮迴圈給隱藏起來了，所以我們在圖上把系統畫成是一個黑箱。系統要如何詢問感應器，詢問感應器的時機、次數或頻率等，全都是黑箱作業，程式設計師一概不知。

程式設計師只要知道兩件事情，第一件事情是註冊事件(event registration)，也就是透過帽型區塊來註冊他所關心的事件類型。接著第二件事情是，當這個事件類型發生之後，程式就會接著執行處理程式。這個事件處理程式，通常被稱為event handler。

由於程式設計師專心地寫各式各樣的事件處理程式，不太需要管黑箱裡發生的事件，所以事件驅動與處理典範很容易地被「高階」(high level)程式設計師所接受，因為他們不需要精確地控制到「低階」的細節。

EV3的程式設計主要採用的是輪詢典範，喔咿喔咿喔的Scratch程式主要採用的是事件驅動與處理典範。這也是為什麼喔咿喔咿喔的Scratch程式比EV3的程式容易寫得多。

10

當個鍵盤俠

鍵盤是所有電腦最主要的輸入工具之一，樂高應用程式能夠感應電腦鍵盤和頭磚按鍵的狀態。可以透過電腦鍵盤和頭磚按鍵進行控制。

向左走或向右走

頭磚上有四個按鍵,其中的向左和向右按鍵的按下狀態和放開狀態是可以註冊的事件種類。先前提過,想要註冊某一種類的事件,可以點選指令分類區的「事件」分類,然後把想要註冊的事件拖拉到程式顯示區,就完成了事件驅動與處理典範的第一步:註冊。

首先可以先來試試頭磚上的往左按鈕的按下事件和放開事件。假設我們要讓使用者按下往左按鈕的時候,頭磚的燈光區顯示向左的箭頭。當使用者放開往左按鈕的時候,頭磚的燈光區就停止顯示任何燈光。首先我們開啟一個新的專案。然後可以使用當(往左)按鈕(按下)帽型區塊和當(往左)按鈕(放開)帽型區塊來註冊這兩種事件。

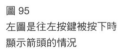

圖 94
向左走的程式

接著拖拉開啟(←)區塊到當(往左)按鈕(按下)區塊的下方。先前已經介紹過燈光編輯器,因此能夠將開啟(←)區塊當中的參數設為向左的箭頭。然後再把關閉像素區塊拉到當(往左)按鈕(放開)帽型區塊的下方。至於先前最常用的當程式開始帽型區塊呢?由於我們並沒有要讓程式開始時作些甚麼事情,所以在當程式開始帽型區塊底下可以沒有任何區塊或指令。

圖 95
左圖是往左按鍵被按下時
顯示箭頭的情況

右圖是放開往左按鍵時
消除燈光的情況

接下來如果依樣畫葫蘆,假設我們要讓使用者按下往右按鈕的時候,頭磚的燈光區顯示向右的箭頭。當使用者放開往右按鈕的時候,頭磚的燈光區就停止顯示任何燈光。

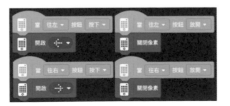

圖 96
向左走或向右走的程式

那麼同樣地，只要新增兩個帽型區塊，分別註冊當往右按鍵被按下時的事件
種類，以及當往右按鍵被放開時的事件種類。接著，拖拉開啟(→)區塊到當
(往右)按鈕(按下)區塊的下方。然後再把關閉像素區塊拉到當(往右)按鈕(開)帽
型區塊的下方。最後執行這一個專案，就可以在按下向右按鈕時，出現向右
箭頭。放開向右按鍵時，消去所有燈光。

採用輪詢典範的向左走向右走程式

先前的程式是採用事件驅動與處理典範，能否改用輪詢典範呢？其實是可以
的。如同之前提過的，主程式需要執行一個無限迴圈。可以在每一個迴圈當
中，利用指令分類區的感應器分類當中的(向左)按鈕(按下)嗎？條件感應區塊
來得到往左按鈕的是否被按下的狀態。當執行這個條件感應區塊的時候，如
果當時往左按鈕被按下，則這個區塊會傳回真(true)。

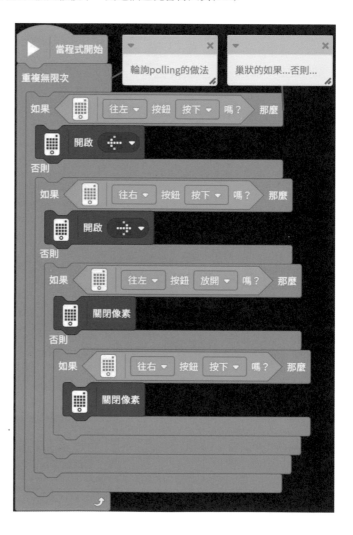

圖 97
採用輪詢典範的向左走或
向右走的程式

接著利用指令分類區的控制分類當中的如果⟸那麼…否則區塊。把前述的(向左)按鈕(按下)嗎？條件感應區塊塞進第一個六角形參數⟸當中。也就是說當條件感應區塊的傳回值為真時，會執行那麼底下的區塊。由於我們要讓燈光區顯示往左的箭頭，因此要將先前的開啟(←)區塊拖拉到那麼底下的區塊。當條件感應區塊的傳回值不是真(true)時，會執行否則底下的區塊。

還記得先前的程式當中，註冊了四種事件。而在第一個如果⟸那麼…否則區塊裡，只判斷了其中一種事件。因此還需要兩個如果⟸那麼…否則區塊以及一個如果⟸那麼區塊來分別判斷其餘的三種事件。當每一種事件發生之後，就執行相應的區塊。根據輪詢典範，可以規規矩矩地寫出圖97採用輪詢典範的向左走或向右走的程式的程式。基本上每一個如果區塊的參數，都對應到某一種事件的條件感應區塊。

聰明的讀者們可能會想到，當往左按鈕和往右按鈕都沒有被按下時，就意味著應該要關閉燈光區。而不需要再判斷往左按鈕與向右按鈕是否被放開。因此可以將後面兩個如果區塊拿掉，直接執行關閉像素區塊。

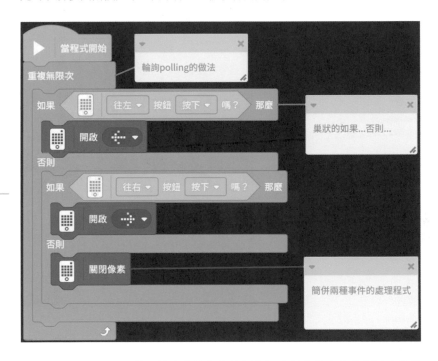

圖 98
採用輪詢典範的向左走或
向右走的簡化版程式

至此我們證明了可以使用輪詢典範與事件驅動與處理典範來寫出相同功能的程式。不過絕大多數的人都會認為事件驅動與處理典範的程式較為簡潔，比較容易看懂。因此，如果不是一定得用到輪詢典範，建議大家多多使用帽型區塊來編寫事件驅動與處理典範的程式。

上上下下左左右右

除了頭磚上的兩個按鈕以外，Robot Inventor應用程式也能夠利用「串流」模式，處理電腦鍵盤上的事件。由於普通的電腦鍵盤通常有幾十個按鍵，應用程式能夠註冊與處理的事件種類也就變得非常多。不過頭磚上的兩個按鈕有按下與放開兩種狀態，但我們只能註冊電腦鍵盤上的按下事件，而不能註冊放開事件。為了展示電腦鍵盤與頭磚之間的連結關係，可以開啟一個新的專案，利用電腦鍵盤的上下左右四個按鍵，來移動燈光區上的某一個燈光。換句話說，在開始的時候，位於燈光區中間的單一燈光亮起。在接受上下左右四個按鍵事件之後，燈光可以分別往上下左右移動，直到邊緣為止。

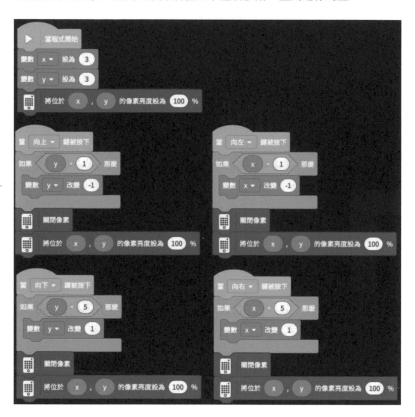

圖 99
移動燈光區單一燈光的程式

首先為了記住當前亮燈的座標，必須先產生兩個變數x與y，以便分別表示亮燈的X座標位置與Y座標位置。可以到指令分類區的變數，分別產生變數x與y。但我們要在心中記住，變數x與y的值落在1到5之間，不能小於1，也不能大於5。

為了讓開始的時候，座標位於(3，3)的燈光亮起，就必須利用當程式開始的帽型區塊。在程式開始之後，先將變數x與y的值都設定為3接著利用將位於(x)，(y)的像素亮度設為(100)%的燈光設定區塊，將位於燈光區中間的燈光亮起。

接下來可以分別註冊四種類型的事件。按下指令分類區的事件，重複拖拉四次當(?)按鈕被按下的帽型區塊到指令顯示區。然後分別把這四個帽型區塊的參數設為向上、向下、向左與向右按鈕。

根據表8燈光區的像素座標，想要讓燈光向上一格時，變數y的值必須減一。然而，當變數y的值已經是1的時候，就不能再減一了。歸納起來，就是當變數y的值大於1的時候，可以將它的值減一。

反之如果想要讓燈光向下一格時，變數y的值必須加一。然而當變數y的值已經是5的時候，就不能再加一了。歸納起來，就是當變數y的值小於5的時候，可以將它的值加一。依照相同的邏輯，想要讓燈光向左一格時，當變數x的值大於1的時候，可以將它的值減一。想要讓燈光向右一格時，當變數x的值小於5的時候，可以將它的值加一。

接著可以使用一個如果…那麼分支區塊來實現上述的邏輯判斷。在這個分支區塊的參數當中，可以利用運算子分類的大於和小於條件運算區塊來得到真值(TRUE)或偽值(FALSE)。當條件運算區塊傳回真值時，就會執行如果…那麼分支區塊之內的加或減運算，改變變數x或y的值。

最後還有一個需要注意的是，在改變了變數的值之後，以及在亮起新的燈光之前，必須先利用關閉畫素區塊，將之前的燈關閉。

圖 100
利用電腦鍵盤來移動燈光區的燈光

透過圖99移動燈光區單一燈光的程式，就能夠讓使用者透過電腦鍵盤，控制頭磚的燈光區。也就是說，鍵盤能夠控制頭磚。特別是當電腦是透過藍芽的方式無線地連接頭磚時，我們將能夠無線遙控頭磚或機器人。順帶問一句，您能夠利用輪詢典範來寫出具有相同功能的程式嗎？提示是(某)鍵被按下？的條件感應區塊。

圖 101
判斷某個鍵被按下的條件感應區塊

有感覺的磚頭

因為內載了三軸移動與三軸轉動的感應器，頭磚是有感覺的。它知道被敲擊、搖晃或摔落，也知道它的哪一面向上。

敲擊樂器

我們可以試著把頭磚當成是一種發聲樂器，當敲擊它的時候，發出第一種聲音；當搖晃它的時候，發出第二種聲音；當讓它跌落的時候，發出第三種的聲音。想要作到這個功能，只要靠一種帽型區塊就行了，就是當(被搖晃)帽型區塊。它的參數清單有三個選項，分別是被搖晃、被輕敲與掉落。

在開啟新的專案之後，可以拖拉三次當(被搖晃)帽型區塊到程式顯示區。然後，分別把三個帽型區塊的參數改成是上述三種之一。接著，利用先前介紹過的開始()聲音區塊，依照個人的喜好，分別在各個帽型區塊下放置開始()聲音區塊。然後記得要用藍芽來無線連接頭磚，就能夠把頭磚當成是敲擊樂器使用了！

請特別注意，在試驗掉落的時候，千萬不要真的把頭磚摔到地上。只需要將頭磚從較高的地方移動到較高的地方，不需要讓它真的掉下去撞壞了。

圖 102
敲擊樂器程式與其改良版本

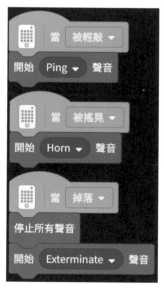

在實際試用的時候，掉落的動作通常會伴隨著輕敲和搖晃。所以我們可以在當(掉落)帽型區塊之後，放置停止所有聲音區塊，停掉因為輕敲或搖晃所發出的聲音。這樣比較不會聽到雜亂的聲響了。

輪詢典範的敲擊樂器

在先前的敲擊樂器程式當中，遇到了如何協調多個事件處理程式同時執行的問題。解決此問題的方法，其實可以利用輪詢典範來解決。

輪詢典範主要是利用一個無限迴圈，在迴圈當中詢問當前的狀態是如何。當執行時的狀態滿足某一個條件時，就去執行它的處理程式。而我們可以讓它的處理程式結束之後，才繼續回到無限迴圈當中。如此一來，永遠只會執行一種事件的處理程式，就不會發生同時執行多個事件處理程式的問題。

應用程式提供了一個手勢變數，能夠代表頭磚偵測到的手勢。可以在指令分類區的感應器分類裡，找到手勢變數，並且將它左邊的空格打勾。

手勢	無	被搖晃	被敲擊	掉落
變數值	0	1	2	3

接著，在當程式開始的帽型區塊之後，設立一個無限迴圈。在迴圈當中利用巢狀的如果…那麼分支區塊，配合()=()的條件運算區塊與手勢變數，就能夠寫出另一種將頭磚當作敲擊樂器的程式。

在迴圈當中，當判斷手勢變數值分別為1、2、3的時候，就執行播放(某)聲音直到結束的區塊。由於要播放聲音完畢，才會執行下一個迴圈，所以就不會有同時出現兩個以上聲音的混音情況。但輪詢典範的問題是，當還在播放聲音的時候，頭磚的手勢變數值有了變化，程式是不會馬上針對新的變數值反應。必須等到聲音播完之後，才會再次判斷手勢變數。由此可知，為了得到不同的效果，可以適當地選用輪詢典範或事件驅動與處理典範。

表 12
手勢變數的值與其代表的意義

圖 103
使用輪詢典範撰寫的
敲擊樂器程式

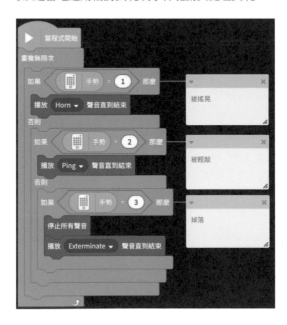

頭磚的哪一面朝上？

頭磚是個六面體，它可以判斷自己的哪一面朝上。特別是頭磚的燈光區可以顯示英文字和符號。當得知哪一面朝上之後，就可以調整顯示的方向。在圖32頭磚方向與六面示意圖 當中，定義了前、後、左、右、上、下等六面。應用程式提供了頭磚方向變數，用來指示頭磚的哪一面朝上。

所以我們能夠利用一個無窮迴圈，以及寫出()區塊。將感應器分類當中的方向變數塞進寫出()區塊的參數。就能夠從燈光區顯示的數字看出目前朝向天空的是哪一面。

朝上	前面	後面	上面	下面	左面	右面
變數值	1	2	3	4	5	6
代表字	F	B	U	D	L	R

圖 104
測試方向變數

永遠向上

在先前的範例程式當中，燈光區顯示的數字1~6都是朝向頭磚的「上面」。並不會因為頭磚的哪一面向上，而改變數字的方向。不過，在指令分類區的燈光分類當中，有一個將方向設為()的區塊，能夠調整燈光區的「上方」。這次，我們將程式改為事件驅動與處理。也就是利用六個當(某面)往上的帽型區塊，當該面往上時，透過將方向設為()的區塊調整燈光區的「上方」，接著再利用寫出()區塊，顯示該面的代表英文字。

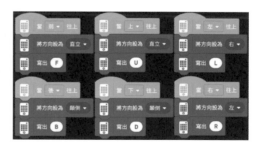

圖 105
讓文字永遠向上的程式

在這六個事件處理程式當中，有兩個部份需要特別注意，雖然不知道為何樂高是這樣設計的。當判斷出左面往上時，需要執行將方向設為(右)的區塊。反之當判斷出右面往上時，需要執行將方向設為(左)的區塊。

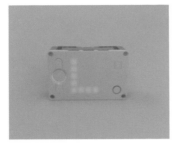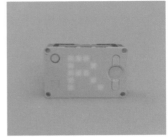

圖 106
字體永遠向上

除了字體之外，在燈光區顯示圖形與動畫時，也可以利用這種方式設定圖形與動畫的「上方」。由於只需要在程式開始時顯示圖形，所以只需要在當程式開始時，執行一次開啟(圖形)區塊就可以了。至於設定圖形與動畫的「上方」的工作，就交給六個帽型區塊之後的將方向設為(某向)的區塊來負責。

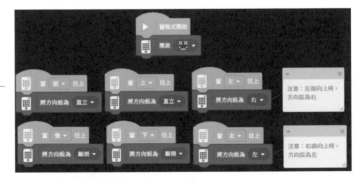

圖 107
圖形永遠向上的程式

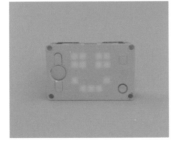

圖 108
當執行這個專案之後
把頭磚翻來覆去
也可以讓笑臉向上

永遠朝前

先前提到過，頭磚內部有三軸滾轉的感測器。假設頭磚在平放的時候開機，會把當時頭磚「前面」所指的方向設為0度。如果把頭磚轉向，它的「前面」與開機時的「前面」所指的方向會有一個偏航角。

在頭磚當中的偏航角設定是從-180度到+180度。當頭磚向右偏航，也就是順時鐘轉彎時，偏航角是從0度到180度。當頭磚向左偏航，逆時鐘轉彎時，偏航角是從0度到-180度。無論是正負180度，指的都是反方向。

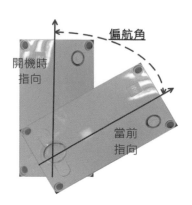

偏航角

開機時
指向

當前
指向

圖 109
所謂的偏航角

我們可以在程式開始時，重置偏航角為0。然後，在燈光區顯示一根指針，大概地指向程式開始時的原始角度。由於燈光區只有5x5個燈，能夠指向的角度只有九個。換言之，每轉彎45度角，才需要改變指向。

接著使用(偏航)角度區塊來獲得偏航角。把偏航角除以45度角之後四捨五入，可以得到-4~+4的九個整數值。我們可以根據這九個整數值的其中之一，在燈光區顯示相應方向的指針。舉例來說，當向右或順時針偏轉45度角的一半之內時，指針應該指向315度的方向，或者說是十點半的時針方向。當向右或順時針偏90度角時，指針應該指向270度的方向，或者說是九點鐘的時針方向。依此類推，可以得到下面的偏航角度與指針方向的列表。

偏航角度	偏航角度除45度角之後 再四捨五入後的整數值	指針方向
-22.5 ~ 22.5	0	↑
22.5 ~ 67.5	1	↘
67.5 ~ 112.5	2	←
112.5 ~ 167.5	3	↗
167.5 ~ 180	4	↓
-180 ~ -167.5	-4	↓
-167.5 ~ -112.5	-3	↘
-112.5 ~ -67.5	-2	→
-67.5 ~ 22.5	-1	↗

表 14
偏航角度與指針方向的對應關係

接著先按照輪詢典範的寫法。在當程式開始區塊的後面，先利用將偏航角度設為0的區塊重置偏航角，然後再顯示↑指針。之後就是一個無限迴圈。

在每一個迴圈當中，先計算偏航角度除45度角之後的商數，再計算商數四捨五入後的整數值，並且將計算出的結果指定到變數angle的值當中。接著就是

九個如果…然後分支區塊，根據表14偏航角度與指針方向的對應關係，判斷變數angle進行顯示不同指針的步驟。當執行這支程式之後，頭磚就成為一個「指南」針。只不過指針的方向既非南，也非北，而是程式開始時頭磚所指的方向。

圖 110
依據輪詢典範所寫的指針程式

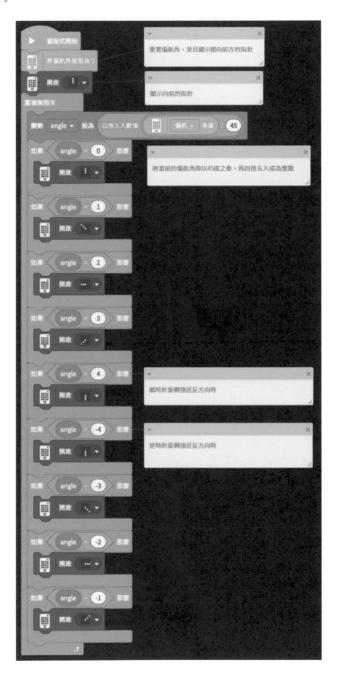

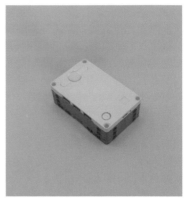

圖 111
無論怎麼旋轉頭磚
也會指向程式開始時方向的指針

萬用的帽型區塊

先前的指針範例程式使用了輪詢典範來編寫，那麼可以改用事件驅動與處理典範來編寫功能相同的指針程式嗎？為了要改用事件驅動與處理典範，必須得註冊當頭磚的偏航角偏移45度的事件。但翻來覆去，Robot Inventor怎麼可能會提供這樣子的事件呢？

這時候我們可以利用萬用的⇐帽型區塊。由於萬用的⇐帽型區塊的參數是空白的，只要參數所填入的條件區塊能夠傳回真值(TRUE)，就可以繼續執行萬用的⇐帽型區塊底下的區塊。

舉例來說，想要得到上述的條件式，必須歷經底下的四個步驟：1)先得到偏航角度；2)計算偏航角度除45度角之後的商數；3)再計算商數四捨五入後的整數值；以及4)判斷這個整數值為0時，就顯示指針↑。利用上述的四個步驟，可以一步一步地編寫出萬用的⇐帽型區塊內的條件區塊參數。

根據上述的步驟，能夠得到第一個萬用⇐帽型區塊的條件區塊參數。同樣地只要改動條件區塊最後的整數值，就能得到其餘八個萬用⇐帽型區塊。

圖 112
條件式是如何練成的？

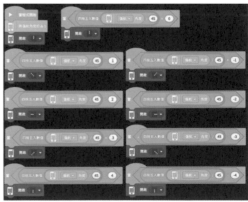

圖 113
依據事件驅動與處理典範所寫的
指針程式

程式控制轉向

在先前的程式當中，先考慮到頭磚的哪一面向上，從而利用將方向設為(?)區塊來配置字母、符號、圖形和動畫的方向。應用程式還提供一個旋轉方向()的區塊，它的參數用於指示順時鐘或逆時鐘旋轉燈光區當前方向的90度角。

麻將是東亞經常玩的遊戲，一開始必須先決定誰是東家。我們可以利用頭磚玩個按任何鍵決定東家的遊戲。在程式一開始就讓燈光區顯示一個箭頭，接著進入一個有條件離開的無限迴圈。在迴圈內的唯一區塊就是一個順時鐘或逆時鐘旋轉方向()的區塊。因此，燈光區的箭頭會不停地旋轉90度角，輪流指向玩麻將的四個玩家。而離開無限迴圈的條件區塊，是判斷是否有任何按鈕被按下。也就是當有任何按鈕被按下時，被箭頭指向的那位玩家就是東家。

圖 114
決定誰是東家的程式

12

內建的沙漏

古人使用沙漏來計時，只要不在搖晃的船上，沙漏的時間相當準確。頭磚也有內建「一個」特別冠名的計時器，意思是每一個程式堆疊都要共享這一個冠名的計時器。但這並不代表頭磚的系統當中只有一個計時器。

重置歸零計時器

計時器的用法很像是碼錶。在指令分類區的感應器分類中，有一個重置計時器的區塊。在重置歸零之後，計時器便會如碼錶一樣開始計時。接著可以利用指令分類區的事件分類當中的當計時器>()的帽型區塊進行註冊。當計時器>()帽型區塊的參數是秒數。例如，當參數是10時，則代表在計時器被重置歸零後的10秒後，會執行當計時器>(10)帽型區塊以下的區塊。根據上述的原理，我們可以先設計一個N秒後會發聲的簡單鬧鐘，N可以隨便設定。

圖 115
利用冠名計時器的簡單鬧鐘程式
大約執行程式之後十秒
頭磚的蜂鳴器就會響起囉

無名的計時器

其實在先前的程式當中,我們曾經使用過等待(?)秒的區塊,而這個區塊就隱含著呼叫無名的計時器的步驟。利用等待(10)秒的區塊,我們可以把簡單鬧鐘改成為利用無名計時器的另一個版本。

圖 116
使用無名的計時器一樣能當鬧鐘

事實上在這一個範例當中所用到的無名計時器有兩個。第一個無名計時器隱藏在等待(10)秒的區塊內,第二個無名計時器隱藏在播放蜂鳴聲(60)(5)秒的區塊內。由此可見,專案程式都能使用多個無名計時器。

同時運作的冠名與無名計時器

現在回想起圖115利用冠名計時器的簡單鬧鐘程式,在冠名計時器到點之後,也有一個無名的計時器隱藏在播放蜂鳴聲(60)(5)秒的區塊內。這告訴我們,頭磚程式可以專案程式都能使用冠名與無名計時器。但這兩種的計時器可以同時計時嗎?

根據上述的兩個範例程式,我們可以作一個實驗,把它們兩個結合起來測試冠名計時器和無名計時器是否能夠同時倒數計時。

表 15
冠名與多個無名計時器
同時運作的時序表

秒	冠名計時器	第一個無名計時器	第二個無名計時器	第三個無名計時器
0	歸零	歸零		
1	1	1		
2	2	到點(2)	歸零	
3	3		1	
4	4		到點(2)	
5	5			
6	6			
7	7			
8	8			
9	9			
10	到點(10)			歸零
11				1
12				2
13				3
14				4
15				到點(5)

可以看到，在第0~2秒的時候，冠名計時器和第一個無名計時器同時運作。在第2~4秒的時候，冠名計時器和第二個無名計時器同時運作。由此可知，頭磚內的系統是允許冠名與無名計時器同時計時的。

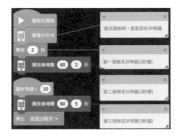

圖 117
冠名計時器與多個無名計時器
同時運作的程式

冠名計時器的特點

同樣都能夠計時，為何系統要提供冠名的計時器呢？原因之一是無名的計時器都是同步的(synchronous)。意思是在一個程式堆疊當中，都要等待無名計時器到點之後，才能再執行下一個區塊。而冠名的計時器是非同步的(asynchronous)。在第一個程式堆疊中先重置歸零冠名計時器之後，可以馬上執行下一個區塊的指令。然後當冠名計時器到點時，觸發第二個程式堆疊來執行冠名計數器到點的事件處理程式。

由於冠名計時器的使用是非同步的，也就可以讓程式得知目前計時的內容。而冠名計時器的內容放在計時器變數的值當中。計時器變數位於指令分類區的感應器分類。它的值並非整數，所以要利用四捨五入數值()區塊，將它的值轉換為燈光區較容易顯示的整數。

圖 118
顯示冠名計時器內容秒數的程式

執行專案之後，在計時器十秒之內，都還能夠每秒顯示一次。但是在計時器十秒之後，由於燈光區的控制速度緩慢的緣故，會拖長成每兩秒顯示一次。雖然不太靈光，不過好像有按碼錶的感覺。

圖 119
利用燈光區顯示
冠名計時器內容秒數

13

不是色盲的機器人

前面提到的感應器，除了電腦鍵盤以外，都是裝在頭磚上。接下來要提到的是利用連接埠外接到頭磚的顏色感應器。

顏色與數值

顏色感應器的感應原理是在感應器的周邊發出白光，當有物體接近感應器的時候，會反射周邊發出的白光到感應器當中。如此一來，感應器就可以測得物體的顏色，以及白光的反射率。當反射率越高時，所測得的顏色應該就越準確。然而，顏色感應器認得的顏色只有八種，其他的顏色會被顏色感應器歸類為無色。

值	-1	0	1	3	4	5	7	9	10
色	無	黑	紫	藍	淺藍	綠	黃	紅	白

表 16
顏色感應器所感應的顏色與數值對應表

中央鈕燈光顏色與感應器顏色

還想起表10中央鈕的燈光顏色所對應的變數值嗎？中央鈕能夠顯示七種顏色，而顏色感應器能夠認得八種顏色。這是因為顏色感應器可以認得黑色，但中央鈕顯示黑色的方式，就是關閉燈光。

值	-1	0	1	3	4	5	7	9	10
色	無	黑	紫	藍	淺藍	綠	黃	紅	白
燈色		黑	■	■	■	■	■	■	□

表 17
中央鈕的燈光顏色與顏色感應器所辨識顏色對應的變數值

表17中央鈕的燈光顏色與顏色感應器所辨識顏色對應的變數值就是把表16顏色感應器所感應的顏色與數值對應表與表10中央鈕的燈光顏色所對應的變數值結合在一起的結果。可以發現除了無色和黑色以外，其餘的變數值都對應到一致的中央鈕顏色和顏色感應器的顏色。想要知道顏色感應器是否認得某種顏色時，我們可以讓中央鈕燈光顯示所偵測到的顏色。由於無色並沒有對應到中央鈕的燈色，所以改用燈光區顯示「？」來表示無色。

使用輪詢典範的無限迴圈較為方便說明。首先先建立一個變數color，用來在每一次迴圈的開頭處獲得顏色感應器的感應值。接著判斷變數color是否獲得「無色」，也就是它的值是否等於-1。如果是的話，要在燈光區顯示「？」，並且把中央鈕關閉。如果有感應到其他的顏色，要把燈光區的所有燈關閉，並且設定中央鈕的燈光顏色為color變數的值。

為了方便拍照，在頭磚旁邊兩個洞裡安裝插銷，以便將顏色感應器固定在頭磚旁邊。只不過要注意的是，物體不能完全貼合顏色感應器，大概預留一到兩公分的距離，讓物體反射燈光之後，才能夠測到真實的顏色。

圖 120
利用顏色感應器來設定
中央鈕顏色

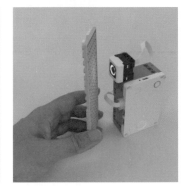

圖 121
這四組圖顯示
中央鈕燈光反映顏色感應器感應
到的顏色

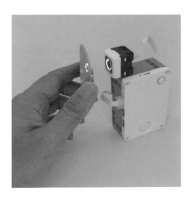
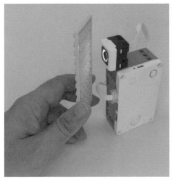

適當的反射率有助於正確判斷顏色

在反覆的試驗當中，相信有些時候顏色感應器所感應的物體顏色未必是正確的。這可能是因為物體和顏色感應器的距離太遠或太近所致。因此應用程式提供了另一種顏色感應器可以回報的資料，那就是反射率。在粗略的實驗之後，發現當反射率介於五成到八成之間時，顏色辨識的成功率比較高。因此可以利用萬用的⟹帽型區塊，來註冊當物體靠近顏色感應器到反射率介於五成到八成之間的事件。

在事件發生之後，可以依照前一個範例程式的邏輯，同樣讓中央鈕反映出顏色感應器所感應到的顏色。但在感應到無色時，則讓燈光區顯示出「？」。

圖 122
在反射率適當的情況下才
判斷顏色

複雜的邏輯條件運算區塊

在萬用的⟹帽型區塊當中，使用了比較複雜的⟹與⟹條件運算區塊。指令分類區的運算子分類裡，提供了三種最常用的邏輯運算的條件區塊，包含了與(AND)邏輯運算、或(OR)邏輯運算、否(NOT)邏輯運算。為了方便從未使用過邏輯運算的讀者，在此列出了這三種邏輯運算的真值表。

表 18
與 (AND) 邏輯運算的真值表

第一個條件區塊	第二個條件區塊	與(AND)運算結果
真(TRUE)	真(TRUE)	真(TRUE)
真(TRUE)	偽(FALSE)	偽(FALSE)
偽(FALSE)	真(FALSE)	偽(FALSE)
偽(FALSE)	偽(FALSE)	偽(FALSE)

表 19
或 (OR) 邏輯運算的真值表

第一個條件區塊	第二個條件區塊	或(OR)運算結果
真(TRUE)	真(TRUE)	真(TRUE)
真(TRUE)	偽(FALSE)	真(TRUE)
偽(FALSE)	真(FALSE)	真(TRUE)
偽(FALSE)	偽(FALSE)	偽(FALSE)

表 20
否 (NOT) 邏輯運算的真值表

第一個條件區塊	否(NOT)運算結果
真(TRUE)	偽(FALSE)
偽(FALSE)	真(TRUE)

簡單的說，否(NOT)邏輯運算就是把真偽倒反。只有當前後兩個條件區塊都是

真時，與(AND)邏輯運算結果才會是真。反之只有當前後兩個條件區塊都是偽時，或(OR)邏輯運算結果才會是偽。只要學會利用複雜的、巢狀的條件運算區塊，萬用的 帽型區塊就能夠發揮它的最大作用。

14

眼神的距離

喔咿喔咿喔的第二種外接感應器是距離感應器。理論上它可以用來測量200公分之內的物體距離，不過超出200公分，它測量的距離值就會寫200公分。

但實際上如果想要偵測超過一公尺的物體，那個物體就必須相當大。例如偵測牆壁是可以超過一公尺的。但如果要偵測在一到兩公尺之間的手掌，恐怕就要憑運氣了。

倒車雷達

在日常生活當中，最常看到的距離感應器應該是倒車雷達了。當排入倒車檔位時，倒車雷達功能就會自動啟用。在距離100公分到200公分之間，蜂鳴器的嗶嗶聲比較小聲，而且頻率較慢。在距離30公分之內，蜂鳴器的嗶嗶聲就會變到最大聲，而且頻率非常快。當介於30公分到一公尺之間時，蜂鳴器的聲響適中，頻率介於中間。

使用輪詢典範來編寫程式時，同樣利用在程式開始之後的無限迴圈。接著建立一個變數range來記錄距離感應器所感應到的距離。在每次迴圈的開始，為讓range變數紀錄單位是公分，將距離感應區塊內的距離參數單位設為公分。

得到了距離range變數值之後，可以利用兩個如果…那麼…否則分支區塊和一個如果…那麼分支區塊來分別處理1)距離小於30公分；2)距離介於30~100公分；以及3)距離介於100~200公分的情況。

為什麼第三個情況不直接寫成距離大於100公分就好，而要很麻煩地判斷是介於100~200公分之間呢？其原因在於，當距離感測器偵測不到任何物體的時候，就會回傳200公分。也就是說，如果寫成距離大於100公分的情況時，就會涵蓋偵測不到任何物體的第一種情況以及偵測到物體在100~200公分之間的第二種情況。由於倒車雷達只在偵測到物體的時候才發出聲響，所以就必須判斷出物體在100~200公分之間的第二種情況，而不要涵蓋偵測不到任何物體的第一種情況。

接著在每一種情況下，都可以利用設定音量大小的區塊、利用蜂鳴器發出音階與時間長度的區塊、還有停止發聲的區塊來進行倒車音響的警示。在範例程式當中，分別在三種情況中將音量設為100%、70%與50%。把蜂鳴聲的頻率設在每0.1秒、0.2秒與0.5秒發聲一次。

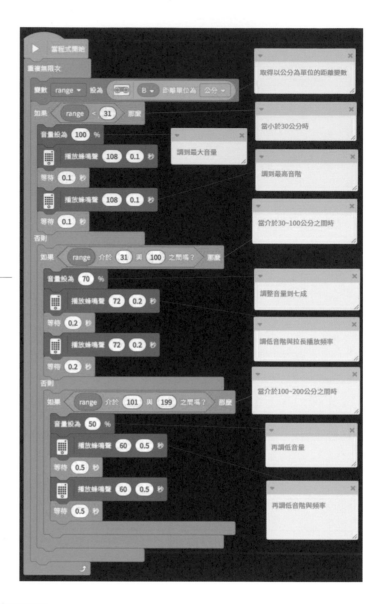

圖 123
輪詢典範的倒車雷達音響程式

擠眉弄眼

距離感應器經常用來感測距離,所以它通常被放在機器人的最前方。由於通常被放在最前面,樂高就在左右兩個感測器的上下各加了四個燈光,能夠當作機器人的眼睛。

在指令分類區的燈光分類當中,有一個設定眼睛燈光亮起的區塊。第一個參數是距離感應器的連接埠名稱,第二個參數則表示距離感應器的四個燈光的亮暗。由於有四個燈光,包含全暗與全亮在內,總共有2^4或16種組合。

圖 124
距離感應器的燈光設定區塊

為了示範眼睛燈光的應用，我們可以讓程式開始時打開四個燈光，表示兩隻眼睛睜開的樣子。如果按下頭磚的左鍵，就眨一次左邊的兩個燈光，或者說是眨左眼。如果按下頭磚的右鍵，就眨一次右邊的兩個燈光或說是眨右眼。

如果當有東西太靠近眼睛時，則兩個眼睛的四個燈光就會全暗。反之當東西離開眼睛之後，則兩個眼睛的四個燈光就會全開。然而，先前提到的眨左右眼的動作，必須是在兩隻眼睛睜開的情況下進行。如果兩隻眼睛全閉的話，就不能眨眼了。

因此必須先建立一個EyeOpened的變數，用來記錄眼睛是否睜開。當有東西太靠近眼睛時，EyeOpened變數設為0，表示眼睛閉起來了。否則EyeOpened變數設為1，表示眼睛睜開。在作眨眼的動作時，必須是在EyeOpened變數值為1的情況下進行的。

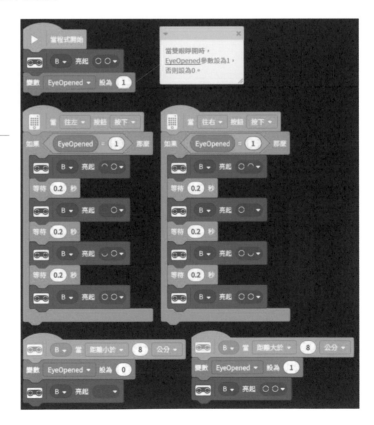

圖 125
按鈕眨眼以及太近閉眼的程式

往後的照片是實地操作的結果。如果認為眨眼的動畫不像真的，讀者可以自行修改程式。或者認為眨眼時需要有聲音配合，也可以在眨眼之前播放聲音。

 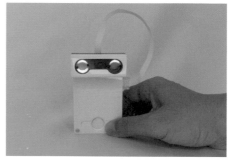

圖 126
不按鍵會睜雙眼

圖 127
按右鍵會眨右眼

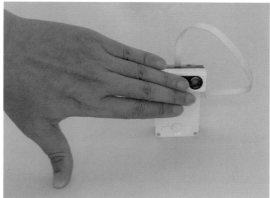

圖 128
物體太靠近會閉眼

15

遙控器

在介紹04. Robot Inventor應用程式的遙控器視窗時，提到過如何設定遙控器視窗內的元件。以及當元件設定完畢之後，指令分類區的遙控器分類會出現與元件相關的區塊。

觸控螢幕遙控器

由於遙控器的三種元件：搖桿、十字鍵和按鈕等的相關事件等同於先前介紹過的按鈕被按下的事件，因此這次介紹的是還沒用過的「切換」和「滑桿」。請先依照前面的04. Robot Inventor應用程式的遙控器視窗的介紹，將一個「切換」和一個「水平滑桿」元件放置到遙控器視窗當中。切換元件的名稱是S1，而水平滑桿元件的名稱是SH1。我們要用切換元件來開關中央鈕的燈光，並且在開啟中央鈕燈光的時候，利用水平滑桿來調整燈色。

連同黑色(關閉)在內,中央鈕的燈光有八種顏色。可以利用一個參數清單
Colors來記錄這八種顏色的代表值,利用一個變數index索引值指向參數清單
Colors的第index號元素。參數清單Colors的各參數就如同06. 燈光秀的表10中
央鈕的燈光顏色所對應的變數值,但是只保留有顏色的七個元素。

程式一開始的時候,除了將index變數初始化為1之外,還必須要根據切換元件
S1的狀態,來決定中央鈕的開或關。當切換元件S1是關的時候,就必須關閉
中央鈕的燈光。反之當切換元件S1是關的時候,就根據index變數所指向的參
數清單colors的元素值,來顯示中央鈕的燈光。在指令分類區的遙控器分類當
中,得將當(S1)開關被切換為(開)的帽型區塊,以及當(S1)開關被切換為(關)的
帽型區塊拖拉到指令顯示區。利用相同的邏輯來啟閉中央鈕的燈光。

圖 129
觸控螢幕的遙控器設計與
參數清單

同樣地在指令分類區的遙控器分類當中,拖拉當滑桿(SH1)(低)與當滑桿(SH1)
(高)的兩個帽型區塊到指令顯示區。當水平滑桿往左邊或垂直滑桿往下邊移動
時,會觸發當滑桿(SH1)(低)的事件。反之當水平滑桿往右邊或垂直滑桿往上
邊移動時,會觸發當滑桿(SH1)(高)的事件。

由於參數清單colors有七個元素,索引值為1至7。當滑桿往低的事件發生時,
必須判斷索引值index是否為最小值1。當索引值index為1的時候,那麼可以把
索引值index設為最大值7,否則將索引值index減1。反之當滑桿往高的事件發
生時,必須判斷索引值index是否為最大值7。當索引值index為7的時候,那麼
可以把索引值index設為最小值1,否則將索引值index加1。

不過先不要急著修改索引值,因為在切換元件S1處在關燈的情況下,並不用
切換燈色。所以必須先判斷切換元件S1處在開燈的情況時,才需要依據前一
段的規則來修改索引值index。

最後還要記得在修改索引值index之後,必須根據索引值index所指向的參數清
單Colors的第index個元素值,來設定中央鈕的燈光。在執行專案的時候,由
於它會利用到電腦的觸控螢幕,所以要把主機執行區的下載模式改為串流模
式。

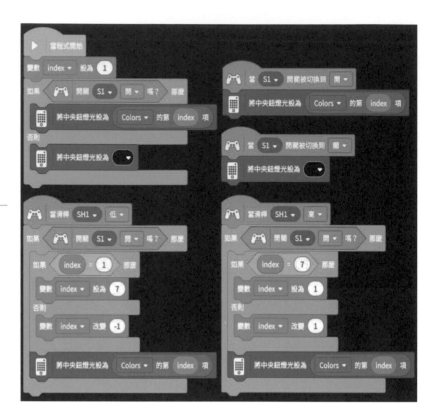

圖 130
利用觸控螢幕上的遙控器視窗
控制中央鈕燈光的開關與顏色

DualShock ® 4控制器

相信很多人都有玩過索尼公司的PlayStation遊戲機,它有一個無線藍芽控制的控制器稱為DualShock® 4。當喔咿喔咿喔喔的頭磚以及DualShock® 4控制器都利用藍芽連接到「手機」時,就可以實現利用DualShock® 4來遙控頭磚的功能。值得注意的是,本書雖然是使用DualShock® 4控制器作為範例,但也可以利用類似的步驟來連接Xbox One®控制器。

不知何故,使用電腦時均未成功,所以以下的試驗都是利用Android版本的MINDSTORMS應用程式來進行。首先,先按下指令分類區最下方的擴充指令區,會出現一個擴充功能視窗。接著,再按下測試的DualShock® 4控制器或Xbox One®控制器。如此一來,它會顯示「已新增擴充功能」。指令分類區還會多出DualShock® 4控制器或Xbox One®控制器的指令分類。

接著編寫一個非常簡單的小程式。只需要當手把的O按鈕被按下時,將中央鈕燈光設為紅色。但要注意的是,必須設定主機執行區為串流模式。要執行專案之前,得利用手機的藍芽模組連接DualShock® 4控制器以及頭磚。接著按下主機執行區的三角形執行按鍵,頭磚會先播放Play動畫。然後按下DualShock® 4控制器的O按鈕,中央鈕燈光就會亮起紅色的燈光。耶!成功。

圖 131
測試 DualShock® 4 手把的
簡單程式

圖 132
透過 DualShock® 4 手把
來控制頭磚 右圖的
中央鈕亮起紅色燈光

拿著電腦或手機的觸控螢幕來遙控機器人，實在不如用手把來得順手。如果有機會買到藍芽無線遙控的遙控器手把，可以改用手機加手把來控制喔咿喔咿喔。

在這裡提到手把遙控功能的最主要原因，是因為先前提到的輸出裝置僅限於燈光與聲音，但接下來就要進入制動篇，也就是透過一個以上的馬達來輸出各種動作，這時候能變的花樣就太多了。

Chapter 4

馬達
制動篇

第四篇
馬達制動篇

喔咿喔咿喔喔機器人的機械動力輸出,全都要靠馬達。馬達是一個轉動機構,利用電力令中心軸轉動。看起來很簡單,但透過齒輪或其他機械結構,能夠實現千變萬化的動作。

嗒嗒的馬蹄聲

不知為什麼一講到馬達,就想起詩人鄭愁予的錯誤。他寫到:我嗒嗒的馬蹄是美麗的錯誤,我不是歸人,是個過客…。實際上嘗試控制馬達經常是個試錯的過程,而且會常常聽到齒輪間無法咬合時形成的嗒嗒聲。

圖 133
啟動馬達的區塊

圖 134
停止馬達的區塊

圈 度 秒

除了啟動與關閉馬達以外,樂高應用程式還提供另一個區塊來控制馬達轉動的角度。在上述區塊的第三個參數,是用於指定馬達轉動的角度。由於一圈等於360度、一度等於60秒。因此一圈等於2160秒。540度等於一圈半。

圖 135
指定馬達運轉的方向與
圈 度或秒

馬達的絕對位置

還記得馬達軸的O標記與歸零位置●嗎？由於一圈等於360，馬達的歸零位置●被視為0度角。如果想要命令馬達從當前位置轉動到目標位置，可以選用以下的區塊的第三個參數是馬達轉動的目標位置。第三個參數的範圍被限定在

0~360之間，360度就在0度。第二個參數則是馬達轉動的方向。第二個參數的清單包含三個選項，順時針和逆時針方向很好理解。但當選擇最短路徑時，就得看目前角度與目標角度的相對位置了。

例如目前角度是90度，目標角度是180度，當要順時針轉向時，馬達只需要轉動90度。當要逆時針轉向時，馬達需要轉動270度。由於90度小於270度，所以最短路徑是利用順時針旋轉的。

反之當目前角度是180度，而目標角度是90度時。當選用順時針選向，馬達必須轉向270度。反之選用逆時針轉向時，馬達只需要轉動90度，所以最短路徑是利用逆時針旋轉的。

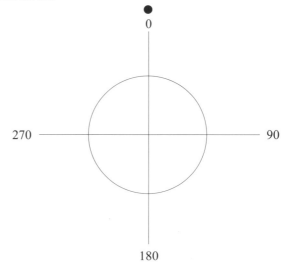

由於最短路徑的選項看起來很省時間，通常是程式的最佳選項。不過在某些機械結構當中，馬達只能以單一方向轉動時，就不能選用「最短路徑」，否則當程式選用另一方向時，就會讓機械結構出錯了。

指針永遠朝前

還記得有感覺的磚頭 的「永遠朝前」程式嗎？由於先前並沒有介紹馬達，所以只能利用頭磚上的燈光區來永遠指向前方。現在已經介紹了馬達，以及控制馬達轉到某一方向的區塊，就能夠改寫「 永遠朝前 」程式，讓馬達附掛的指針永遠朝前。

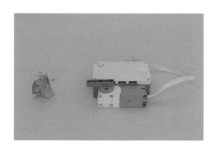

圖 138
指針永遠朝前的簡單機械結構

在機械結構方面，可以利用兩根插銷，就能讓馬達固定在頭磚的左面或右面，讓馬達的轉動面朝向頭磚的上面。接著，再利用一根十字軸與一根具有十字孔的黑色長磚作為指針。將十字軸固定在馬達，再把黑色長磚的一個十字孔接到十字軸上，就形成一根指針。

如前所述，頭磚的前方是圖138指針永遠朝前的簡單機械結構的左方。當頭磚開機時，它的偏航角就會是前方的方向。如果馬達有校正歸零的話，黑色長磚的指針就會平行前方的方向。接著我們開始來寫程式。這次採用的是輪詢典範。在程式開始時，先將偏航角度設為0，還要把馬達軸轉向到位置0。

然後進入一個無限迴圈。在每一個迴圈當中，把偏航角度設定到一個變數angle。由於偏航角度是從0度角開始所偏轉的角度，所以我們要讓馬達軸轉動-angle角度。要如何從變數angle得到它的負值呢？只需要把0減去變數angle就行了。很有趣的是，先前提過，該區塊的第三個參數的範圍被限定在0~360之間。但如果第三個參數的值是負數的時候，程式本身是會接受的。

圖 139
讓指針永遠朝前的程式

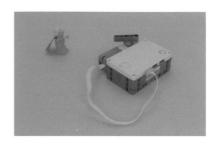

圖 140
無論頭磚的偏航角如何
指針永遠指向同一方向

在啟動程式之後，無論在桌面怎麼轉動頭磚，都可以聽到馬達的噠噠聲，奮力地將指針轉向左邊的樂高磚。但隔一段時間之後，由於陀螺儀隨著時間產生偏移(drift)的緣故，頭磚所量測的偏航角產生了誤差，指針也就沒有辦法非常正確地指到樂高磚了。由於頭磚使用的是輕便便宜的微機電陀螺儀，實在沒辦法再要求更多了。

17

馬達的轉動速度

除了開與關以及轉動角度之外，樂高應用程式還能夠控制馬達轉動的快與慢，這就是所謂的轉動「速度」。但應用程式所能控制的轉動速度並不是絕對的，比方說指定馬達達到每秒鐘多少轉。因為馬達所轉動的負載不是固定的，當負載越重時，轉速自然就越慢。當負載越輕的時候轉速自然就越高。

以下我們來做個小小的實驗，紀錄當速度設定為某百分比時，轉一圈需要花多少時間。為了消除不穩定的因素，每個百分比轉速的試驗都作10次，然後把10次轉1圈的時間加總起來，再除以10，就是在某速度設定下平均每轉一圈所花費的時間。想要進行上述的實驗，可以點選擴充指令集的「更多馬達」分類。在「更多馬達」分類當中的第一個區塊可以設定轉動的速度與圈數或角度。

圖 141
設定馬達的速度與圈數或角度

制動馬達停止的選項

除此之外，「更多馬達」分類還有一個重要的設定馬達()停止區塊。這個區塊控制馬達在停止時的三種可能行為：制動、保持不動與滑行。

滑行選項是指，當馬達軸到達預定位置時，只關閉馬達。因此馬達軸可能會

圖 142
停止時 馬達如何應對的選項

依照慣性繼續向前滑行。換句話說，馬達軸可能會超過預定的位置。保持不動的選項是指，當馬達軸超過預定停止位置時，會利用馬達再次制動馬達軸，並且主動地把馬達軸移回預定的停止位置。

制動的選項是指，程式利用馬達制動，提供反方向的摩擦力，但並不保證達軸會停在預定位置。一般來說，制動選項是預設的。

圖 143
取得十次的轉動總時間

首先要設定一個變數清單lapses，用來記錄十次轉圈的時間。接著設定兩個變數index和total，用來分別記錄索引值和累計時間。並且在感應器分類當中，把計數器之前的空格打勾。當程式開始的時候，必須先清空變數清單內部所有的項目，以及將馬達設定用制動停止。接下來要先後執行兩遍10次迴圈。第一遍10次迴圈用來記錄轉10圈的每圈時間，第二遍10次迴圈用來將每圈時間加總起來。

在第一遍迴圈當中的每一圈當中，先停止馬達，接著重置冠名計數器，將碼表歸零。然後利用設定的速度轉動1圈。在轉圈結束之後，把計數器的碼表時間作為一個新的元素，加到變數清單lapses當中。

當記錄完轉圈的10次時間之後，可以先初始化變數index和total值。接著執行第二遍迴圈。然後在迴圈當中，將index索引值指向的lapses元素值加到變數total當中，並且讓index索引值加1。最後記得開啟變數視窗區，把total變數的值除以10，就知道在設定的速度之下，平均轉1圈需要多少時間。

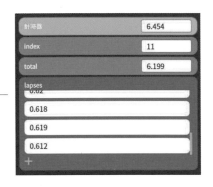

圖 144
轉速 100% 與無負載的
情況下的平均時間

接著可以隨意將無負載乾淨的馬達連接到連接埠A。再將不同%的速度設定到程式當中，分別進行10次實驗，得到以下的實驗數據。

實驗數據分析

表 21
不同轉速在無負載的情況下
轉一圈所耗時間

%	10	20	30	40	50	60	70	80	90	100
秒	4.08	2.14	1.50	1.18	0.99	0.86	0.77	0.71	0.66	0.62

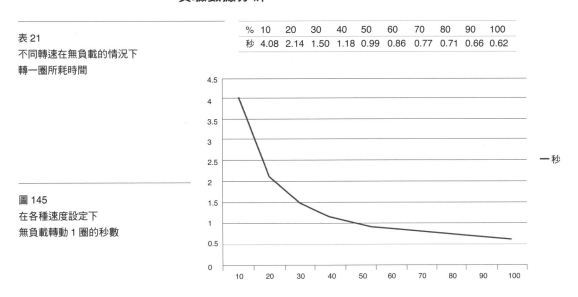

圖 145
在各種速度設定下
無負載轉動 1 圈的秒數

從上述的實驗數據可以看到，在無負載的情況下，當速度設定在50%的時候，轉1圈大概花1秒鐘。這些實驗數據顯示，速度和秒數的圖大概呈現一條二次

曲線，並不是一條等比例的直線。可以想見，在馬達轉軸上有負載的情況下，轉1圈的秒數肯定是比較慢。另一個問題是，為什麼不用一遍10次迴圈就解決呢？其實是可以的，但分成兩遍10次迴圈比較能夠凸顯每一遍迴圈的主題，讀者可以把這兩遍迴圈合併在一起試試。

馬達會失速？

我們都聽過飛機因為速度不夠，「失速」墜毀。但在樂高的術語當中，馬達也會失速。何謂馬達的失速呢？其實是馬達在該轉動的時候，因為物體卡住馬達軸的轉動，稱之為失速。舉例來說，在下圖當中，由於黑色插銷卡住紅色磚，所以馬達的十字軸就無法帶動紅色磚塊轉動，以至於馬達「失速」。

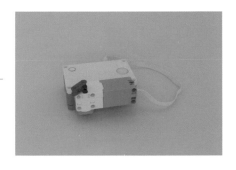

圖 146
馬達無法轉一圈，導致失速

當發生馬達「失速」的情況時，是否還會繼續執行底下的程式呢？其實預設值是會的。但我們可以利用「更多馬達」分類當中的()將()失速偵測(開/關)區塊，把失速偵測關閉。當失速偵測關閉之後，系統不會偵測並且知道馬達軸被卡住，程式就會一直停留在讓馬達轉動的那一個區塊，永遠跳不出來。

反之當失速偵測開啟時，系統會持續監測馬達軸是否順利轉動。一旦馬達不轉或失速達到一段時間，系統就會停止執行讓馬達轉動那一個區塊，接著執行下一個區塊。也就是說，系統會繼續執行，並不會被卡住的馬達給卡住。

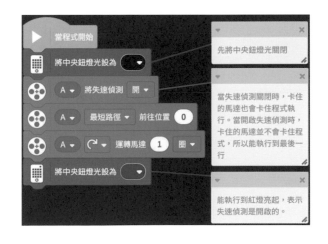

圖 147
馬達失速偵測程式

在上述的程式當中，當失速偵測的開關被開啟時，系統會偵測到馬達失速。過一段時間之後，程式會略過運轉馬達1圈的區塊，繼續執行將中央鈕設為紅色的區塊。反之若是失速偵測的開關被關閉，系統不會偵測到馬達失速。程式就一直停留在運轉馬達1圈的區塊，不會執行到將中央鈕設為紅色的區塊。

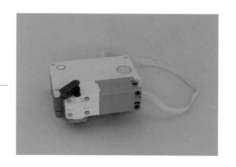

圖 148
紅色燈亮起表示
失速偵測是開啟的

相對位置

在指令分類區的馬達分類當中提到的「位置」都是絕對位置，也就是相對於歸零位置●的絕對位置。然而，如果不想要讓歸零位置●當作0度角，可以使用指令分類區的「更多馬達」分類的設定相對位置()區塊。此區塊可以將當的馬達軸向設定為相對位置的某度角。其實，正常人都會將它設為0度角。

圖 149
圖左將當前的馬達軸向設定相對
位置的某度角

圖 150
圖右相對位置變數

比方說當歸零位置●並不在機器人的正前方，而絕對角度90度指向機器人的正前方時，可以先將馬達轉到絕對位置90度，接著執行設定相對位置(0)區塊。在往後的程式當中，可以利用「更多馬達」分類的相對位置變數，找出當前的馬達軸向與機器人的正前方相差多少度。

圖 151
絕對位置與相對位置

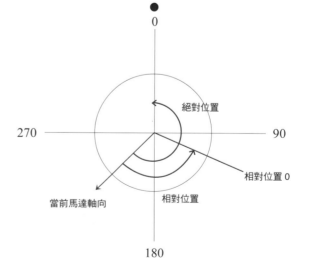

簡單來說，就是把0度角的位置轉個方向而已。但是對某些計算而言，相對的比較容易。

18

同軸心的併排雙馬達車

在樂高的機器車輛設計當中，最簡單的是利用兩個並排的雙馬達，讓它們的轉動軸心對齊成為一個軸心。剩下來的接地部分，可以如EV3利用一個萬用滾輪，或是喔咿喔咿喔當中使用兩個黑色滾滾輪，就能分別組成一輛三輪車或一輛四輪車。

四輪車的拼砌

除去頭磚不算，只要用到22個零件就能拼砌成一輛四輪車。首先得找到兩個黑色滾輪，再加上兩個灰色雙頭圓形插銷當作它們的軸。

圖 152
兩個充作輪胎的黑色滾輪

接著把頭磚翻過來，將六個黑色插銷放在邊緣的六個洞裡，準備連接兩個馬達。找出兩個大黑輪，以及兩個十字軸。再加上兩個黑色連彎長磚和四個黑色插銷。

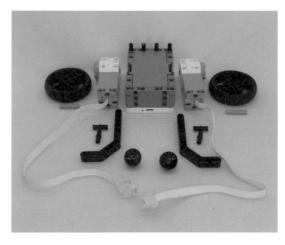

圖 153
四輪車的大部分解

接著先將十字軸插入大黑輪的軸心，接入馬達的十字軸心孔洞內。然後，再把馬達插進三個黑色插銷裡。完成一邊之後，以相類似的步驟完成另一邊。使得這兩個大黑輪的軸心在同一條直線上。

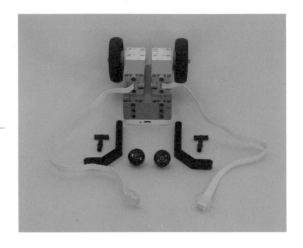

圖 154
將大黑輪裝上馬達
並且把馬達裝上頭磚後的模樣

藉著兩根黑色插銷，將黑色連彎長磚連接到頭磚的左面或右面。記得將黑色滾輪的灰色雙頭圓形插銷插到三個孔的中間，讓黑色滾輪能夠自由地滾動。在完成一邊之後，依照類似的步驟，安裝另一邊的黑色連彎長磚與黑色滾輪。

最後，別忘了將兩個馬達的連接頭分別接到頭磚之上。檢查一下左右是否對稱。如果對稱的話，就已經完成了一輛五臟俱全的四輪車。

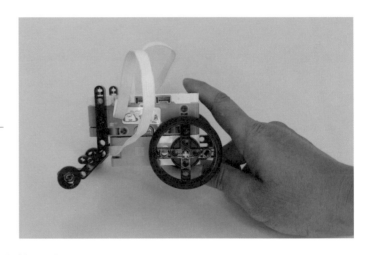

圖 155
四輪車的側面照

設定輪胎的周長

在指令分類區的「動作」分類以及擴充指令分類區的「更多動作」分類當中，是用來「同時」控制兩個馬達的動作。為什麼要用「動作」來「同時」控制兩個馬達的動作，而不是利用兩個「馬達」的連續指令來控制兩個馬達呢？這是因為喔咿喔咿喔在執行兩個連續指令的時候，還是有人類能夠分辨出來的時間差。舉例來說，如果先讓一個馬達帶動左輪轉動，再讓另一個馬

達帶動右輪轉動，由於左輪先轉動，就會造成車子向右偏移的情況發生。為了盡量減少左右偏移的情況，所以樂高提供了「動作」分類以及擴充指令分類區的「更多動作」分類的指令。

當組裝完前述的四輪車之後，可以先讓它測試前進與後退。在前進與後退之前，有一個指令可以用來根據輪胎的大小，設定轉動一圈的距離。如此一來，喔咿喔咿喔才會知道馬達轉動一圈，輪胎向前滾動的距離是多少。如此一來，我們才可以下達讓車輛前進幾公分的指令。輪胎轉動一圈所前進的距離，其實就是輪胎圓形的周長。而周長等於直徑與圓周率π的積。我們可以用尺來量輪胎的直徑，就能算出周長。

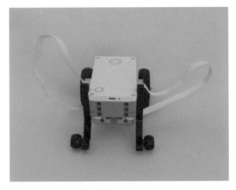

圖 156
四輪車照

圖 157
量測輪胎的周長

根據圖158量測輪胎的周長 ，量到直徑約5.4公分，它和圓周率 π 的積約為17.5公分。也就是說當大黑輪貼地轉動一圈而沒有滑掉時，大黑輪前進了約17.5公分。

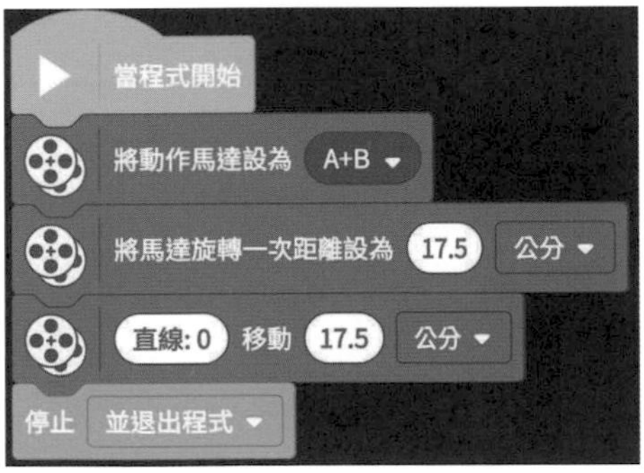

圖 158
初始化四輪車並且
讓大黑輪滾動一圈

為了試驗圓周的設定，利用上面的程式來進行測試。首先在「動作」分類中拖拉將動作馬達設為(A+B)指令。這個指令會指定兩個動作馬達，並且以第一個指定馬達(A)的逆時針進行旋轉，或者是以第二個指定馬達(B)的順時針進行旋轉。第二個指令即為「動作」分類中的將馬達旋轉一次距離設為(17.5)(公分)。由於樂高知道我們最常用的輪胎是大黑輪，因此就把它的預設值設為17.5公分。接著利用(直線：0)移動(17.5)(公分)指令，讓四輪車向著黑色滾輪的方向前進17.5公分，剛好是大黑輪旋轉一圈的。

可以在圖160大黑輪滾轉一圈，剛好讓四輪車向左前進17.5公分看到執行程式的前後，四輪車移動了約17.5公分。如果換了不同大小的輪胎，就可以先量測車輪的直徑，推算出車輪的圓周。透過將馬達旋轉一次距離設為(17.5)(公分)指令，讓喔咿喔咿喔喔的主機知道當要前進多少公分時，就需要讓兩個馬達轉動多少圈。舉例來說當要前進30公分時，喔咿喔咿喔喔的主機就知道要讓兩個馬達轉動30/17.5圈，也就是1.714圈。

遙控四輪車的前進與後退

玩喔咿喔咿喔喔最有趣的事情就是利用手機或平板來遙控，這是極少數的玩具才有的功能，而且所需要寫的程式非常簡單。首先是在手機或平板的應用程式中開啟一個新的專案，然後設定遙控器的畫面。由於只需要控制前後，所以只需要設定一個十字鍵就行了。如果您忘了如何設定遙控區，請參考04.RobotInventor應用程式的遙控器視窗 。

圖 159
只有一個十字鍵的遙控器

在遙控器視窗當中加上十字鍵之後，我們需要用到它的向上鍵與向下鍵。當向上鍵被按下之後，必須先設定動作馬達，然後讓它沿著直線前進。當向下鍵被放開之後，我們要讓馬達停止動作。類似地當向下鍵被按下之後，必須先設定動作馬達，然後讓它沿著直線後退。當向下鍵被放開之後，我們要讓馬達停止動作。

由於前進與後退的方向不同，所以在向上鍵被按下之後，要設置將動作馬達設為(A+B)指令，以及開始(直線：0)移動的指令。反過來在向上鍵被按下之後，要設置將動作馬達設為(B+A)指令，以及開始(直線：0)移動的指令。從邏輯上來說，透過兩個動作馬達的設定順序，可以設定四輪車的直線朝著哪一個方向。先前已經提過，這個指令會以第一個指定馬達(?)的逆時針進行旋轉，或者是以第二個指定馬達(?)的順時針進行旋轉。當指定了方向之後，接下來的指令都是同樣的往所指定的方向直線移動。

圖 160
遙控四輪車的前進與後退

　　當編寫好程式之後，由於要在手機或平板上進行遙控，所以要記得兩件事
情。首先要在執行區將執行模式調整為串流模式，這是因為我們在手機或平
板的遙控器視窗中的點擊指令，需要透過藍芽無線協定串流到喔咿喔咿喔的
頭磚上。接著為了要使用遙控器視窗，所以請到手機或平板的設定程式，解
除直立模式。最後當然需要利用藍芽無線協定將手機或平板的應用程式連接
到頭磚，就可以開始享受簡單的前進與後退遙控功能了！

遙控左轉與右轉

在遙控四輪車的時候，可能會感覺到放開按鍵停止的瞬間，四輪車是煞停的，而不是很順暢地停下來。這是因為我們所使用的停止動作指令的預設值是讓馬達提供制動力來停止動作。如果想要讓四輪車停止的力道不要過猛，可以利用「更多動作」分類當中的設定動作馬達(滑行)停止的指令。

圖 161
加上向左轉或向右轉功能的
遙控車程式

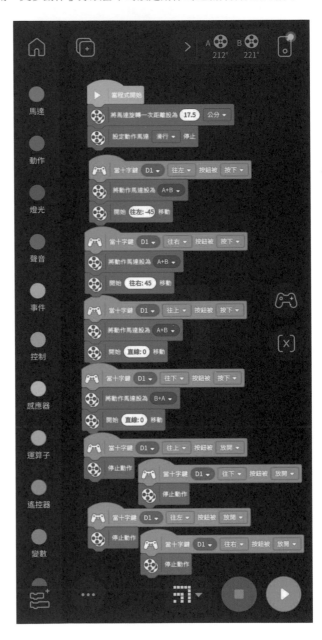

這個指令的參數有三個下拉的選項，預設值是第一個制動停止，第二個選項是保持不動，第三個選項是滑行停止。我們可以把這個指令放在當程式開始時，就能夠一次性地對之後的各個停止動作指令進行停止設定。

接著可以再利用十字鍵的向左鍵與向右鍵，分別讓四輪車左轉前進與右轉前進。由於無論是按下向左鍵或向右鍵，我們都要讓四輪車前進，因此得利用先前提到的設置將動作馬達設為(A+B)指令。接著，當要向左時，可以利用開始(向左：-45)移動的指令。當要向右前進時，則可以利用開始(向右：45)移動的指令。同樣地當放開向左鍵或向右鍵時，還是得利用停止動作的指令，讓四輪車停止向左或向右轉。

雖然我們在範例程式當中，受限於手機有限的畫面，並沒有加入聲音或燈光的控制，但您可以試著加入這些聲光的效果，模擬出打方向燈的情況。同樣地，在編寫程式完畢之後，得先讓手機或平板解除直立模式的鎖定，以及在執行區改成串流模式之後，再來進行試驗。

防撞警示燈

在先前的範例當中，無論是按向上、向下、向左與向右鍵，四輪車都會不停的運動，直到放開按鍵為止。但如果想讓前進時，快要撞上前方物體之前在燈光區發出警告燈的話，就必須先在四輪車之前安裝距離感應器。

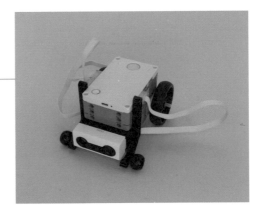

圖 162
在四輪車前安裝距離感應器

如圖162在四輪車前安裝距離感應器 所示，利用兩個黑色插銷插在黑色連彎臂的孔洞，就能夠把距離感應器固定在頭磚的底下。然後把距離感應器的線路接到連接埠C。我們可以讓距離感應器在感測前方某處的物體時，就讓燈光區顯示某個動畫，提醒遙控四輪車的玩家快要撞上物體，必須要後退。

在這裡為了示範後退某一段距離的指令，我們讓四輪車在後退時，一次後退10公分。由於後退時不再是放開遙控器的向下鍵就停止，因此就不需要關注向下鍵放開的事件。只需要關注向下鍵按下的事件，往後「前進」10公分就好。

在圖163後退十公分與接近物體時顯示動畫 的程式當中，可以看到當十字鍵的往下鍵被按下時，利用將動作馬達設為(B+A)指令將方向設為向後。接著，利用(直線：0)移動(10)公分的指令，往後「前進」10公分。再者，當連接到埠C的距離感測器所感測的距離小於20公分時，會在燈光區播放TargetDestroyed的動畫，以便警告四輪車快要撞上物體了。在程式當中，我們也拿掉了當十字鍵的往下鍵被放開時的事件處理程式。

圖 163
後退十公分與接近物體時
顯示動畫

原地旋轉

在先前的向左轉或向右轉的動作當中，由於程式設定的數值是向左-45或向右45，所以四輪車在向左或向右轉的時候，仍然會向前進。當上述的數值介於-99到-1時，越小的數值表示向左轉彎的幅度越大。當上述的數值介於1到99時，越大的數值表示向右轉彎的幅度越大。當數值為0時，則是直線前進。讀者們可以試著調整上述的數值，來設定轉彎的幅度。

然而如果想要讓四輪車在原地旋轉的話，就必須將數值設為-100或100。-100表示逆時針旋轉，100表示順時針旋轉。為了展示這個功能，可以在遙控器視窗中加上兩個按鍵。左邊的是B1按鍵，右邊的是B2按鍵。

圖 164
加上兩個按鍵分別用來逆時針與
順時針原地旋轉的遙控器視窗

當按下B1按鍵時，先利用將動作馬達設為(A+B)指令將方向設為向前。接著再利用開始(往左：-100)移動的指令，讓四輪車逆時針旋轉。類似地，當按下右邊的B2按鍵時，先利用將動作馬達設為(A+B)指令將方向設為向前。接著再利用開始(往右：100)移動的指令，讓四輪車順時針旋轉。

圖 165
原地旋轉的事件處理程式

在圖165原地旋轉的事件處理程式 所顯示的程式，可以加入到圖160遙控四輪車的前進與後退、圖161加上向左轉或向右轉功能的遙控車程式和圖163後退十公分與接近物體時顯示動畫 的程式當中，都能一起運作。

另類的原地旋轉

在圖165原地旋轉的事件處理程式 所顯示的程式，其原理是讓內側輪向後旋轉，外側輪向前旋轉。例如當B1按鈕被按下之後，動作馬達A逆時針旋轉，動作馬達B順時針旋轉，而且動作馬達A與B的轉速相當，因此四輪車就會逆時針原地旋轉了。反之當B2按鈕被按下之後，動作馬達A順時針旋轉，動作馬達A順時針旋轉，而且動作馬達A與B的轉速相當，因此四輪車就會順時針原地旋轉了。

在「更多動作」的指令分類區當中，也有兩個指令可以同時且分別調整兩個動作馬達的轉速。這裡的轉速參數，其範圍從-100至100。當數值為-100至-1時，其轉動方向是逆時針，當數值為1到100時，其轉動方向是順時針。負的數值越小，逆時針轉動的速度越快。正的數值越大，順時針轉動的速度就越快。

圖 166
用於同時且分別調整
兩個動作馬達的轉速的指令

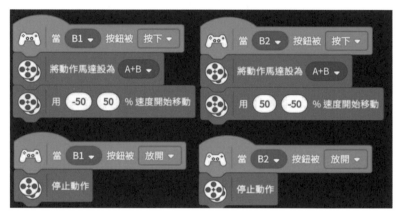

圖 167
原地旋轉的另一種事件處理程式

在圖165原地旋轉的事件處理程式 所顯示的程式，可以代換為圖167原地旋轉的另一種事件處理程式 所顯示的程式，並且同樣可以加入到圖160遙控四輪車的前進與後退、圖161加上向左轉或向右轉功能的遙控車程式和圖163後退十公分與接近物體時顯示動畫 的程式當中，都能一起運作。

如果要讓原地旋轉的速度加快的話，可以將圖167原地旋轉的另一種事件處理程式 所顯示的程式中的-50/50更改為-60/60、-70/70、甚至是-100/100之類的數值。反倒是圖165原地旋轉的事件處理程式 所顯示的程式是無法更改原地旋轉的速度。

更精確地控制移動

在轉動馬達時，有兩件事情是難以魚與熊掌兼得的。一個是加速，另一個是精確的控制。因此在應用程式的「更多動作」指令分類區當中，有一個將動作加速設為(?)的指令，能夠讓我們設定兩個動作馬達的動作加速的快慢。這個指令的唯一參數有六個選項，從很快到很慢。當加速很慢時，表示馬達將

圖 168
動作加速的參數選項

很精確地加速到極速。反之當加速很快時，兩個動作馬達到達極速的時間雖然很快，但很可能會大於所設定的極速，而且也難以保證兩個動作馬達到達極速的時間是相同的。至於要如何設定動作速度呢？是利用「動作」指令分類區當中的將動作速度設為(?)%的指令。

圖 169
設定動作速度的指令

在先前介紹的開始移動，以及移動幾公分的指令當中，並沒有辦法控制移動的速度或是馬達的輸出功率。然而在「更多動作」的指令分類區當中，的確有指令能夠讓我們控制速度或功率。

表 22
移動指令的比較表

	移動指令	移動幾公分指令
啟動	開始 直線: 0 移動	直線: 0 移動 10 公分 ▾
速度	用 50 %速度開始 直線: 0 移動	用 50 %速度 直線: 0 移動 10 公分 ▾
功率	用 50 %功率開始 直線: 0 移動	從缺

由於在各種機械結構當中的負載不同，再加上樂高的馬達並不能設計得太過精密，不然就無法撐得住小朋友的摔打。因此頭磚的程式對於兩個動作馬達的控制精確程度得在機械結構設定後，利用上述的指令進行多次調整校準。

結語 | 透過學習 人人可擁有自己理想中的機器人

本書的四篇陸續介紹了喔咿喔咿喔的基礎知識、頭磚輸出、感應器與馬達制動。讀完了本書之後,可以了解到如何利用喔咿喔咿喔的應用程式來控制機器人的各式輸入與輸出,編寫事件處理程式以便機器人因應外界的變化輸入而做出反應輸出。

推而廣之,其他種類的機器人和喔咿喔咿喔的架構都是類似地,即便它們的計算速度或輸出入裝置的種類多寡有別。因此以喔咿喔咿喔作為基礎,將可以很快地學會其他種類的機器人。

學無止盡,機器人除了控制用的頭磚與輸出入裝置以外,還有許多特定的機械結構搭配特殊的程式演算法值得了解。舉例來說,在五祖當中有特殊的拳頭發射器,可以利用馬達轉動板機來觸發。五祖還教示了如何利用顏色感測器進行循跡控制,剪刀舉伸臂的伸縮等。

先有了程式的基礎,再加上機械結構的學習,將很快地能夠了解這些電機裝置的原理,並且能夠進一步地改良與修改,作出自己想要的機器人!

附註:
程式在網上,讀者可以到電積系網頁觀看較大的程式圖片。
Kiddengineering.blogspot.com/2021/06/Lego51515.html

國家圖書館出版品預行編目(CIP)資料

喔咿喔咿喔／謝金興，黃立玫作. -- 初版. -- 臺北市：謝金興，2021.10

面；公分

ISBN 978-957-43-9174-5 (平裝)

1.電腦教育 2.機械設計 3.機器人 4.中小學教育

523.38   110013072

書名｜喔咿喔咿喔
作者｜謝金興、黃立玫
出版｜謝金興
地址｜台北市北投區公館路423巷21號11樓
電話｜(02) 2895 5268
網址｜kiddengineering.blogspot.com
美術主編｜金采穎
攝影｜陳羅克
製版｜家昌彩色印刷製版公司
印刷｜勁達印刷廠
出版年月｜2021年10月1日
版次｜初版第一刷
定價｜新台幣300元
展售｜蝦皮線上購物：「電積系」
ISBN｜978-957-43-9174-5
著作財產權歸屬作者所有